우리는 다양해 : 문화
② 지구를 구하는 시간 여행

초판 1쇄 발행 2024년 8월 23일

지은이   강미래
그린이   지문
채색 도움 조윤정
펴낸이   진영수
디자인   김세라

펴낸곳   영수책방
        출판등록 2021년 2월 8일 제 2022-000024호
        전화 070-8778-8424 | 팩스 02-6499-2123 | 전자우편 sisyphos26@gmail.com
        홈페이지 ysbooks.co.kr

ⓒ 강미래·지문 2024
ISBN 979-11-93759-02-8 74810
      979-11-974312-6-5 (세트)

* 잘못된 책은 구입처에서 교환하여 드립니다.
* 이 책은 저작권법에 따라 보호받는 저작물이므로 무단 전재와 무단 복제를 금지하며,
  이 책 내용의 전부 또는 일부를 이용하려면 저작권자와 영수책방의 동의를 받아야 합니다.

어린이제품안전특별법에 의한 제품표시
제조자명 영수책방 **제조국명** 대한민국 **사용연령** 만 8세 이상 어린이 제품

프롤로그

한국의 산골 마을 별똥리에는 외계인이 살고 있다. 190cm의 키, 빼빼 마른 몸, 시퍼런 얼굴, 언제나 넥타이를 매고 중절모를 쓰는 미스터리한 인물. 그의 본명은 또마타카스, 지구에서 불리는 이름은 다양해 씨다.

다양해 씨는 머나먼 행성 쿠푸쿠푸(지구의 언어로 별종별이라 한다)에서 지구의 다양성을 연구하기 위해서 왔다. 별종별의 과학 기술은 지구보다 훨씬 뛰어났지만 다양성이 사라져 위기에 봉착했기 때문이다.

지구에서 다양해 씨가 처음 생물 다양성을 연구한 뒤 두 번째로 문화 다양성에 대한 조사가 착착 진행되고 있다. 지구 곳곳에서 살아가는 집단마다 언어, 의상, 음식, 전통, 도덕과 종교 등 다양한 문

화를 가지고 있었다. 다양한 문화 속에 각 집단은 지식과 지혜를 남겨 인류를 풍요롭게 했다.

한편 별종별의 최강 악당, 침투해 씨는 인류 멸종 계획을 가지고 다양성을 파괴하려는 시도를 계속하고 있다. 먼저 생물 다양성 파괴는 실패로 돌아갔고, 이번에는 문화 다양성 파괴로 인간 사이에 갈등을 만들려 한다. 또다시 별똥리의 네 아이, 바다, 토미, 오데트, 로니가 나설 차례다. 다양해 씨와 아이들은 침투해 씨의 공격에 맞서 지구를 구할 수 있을까?

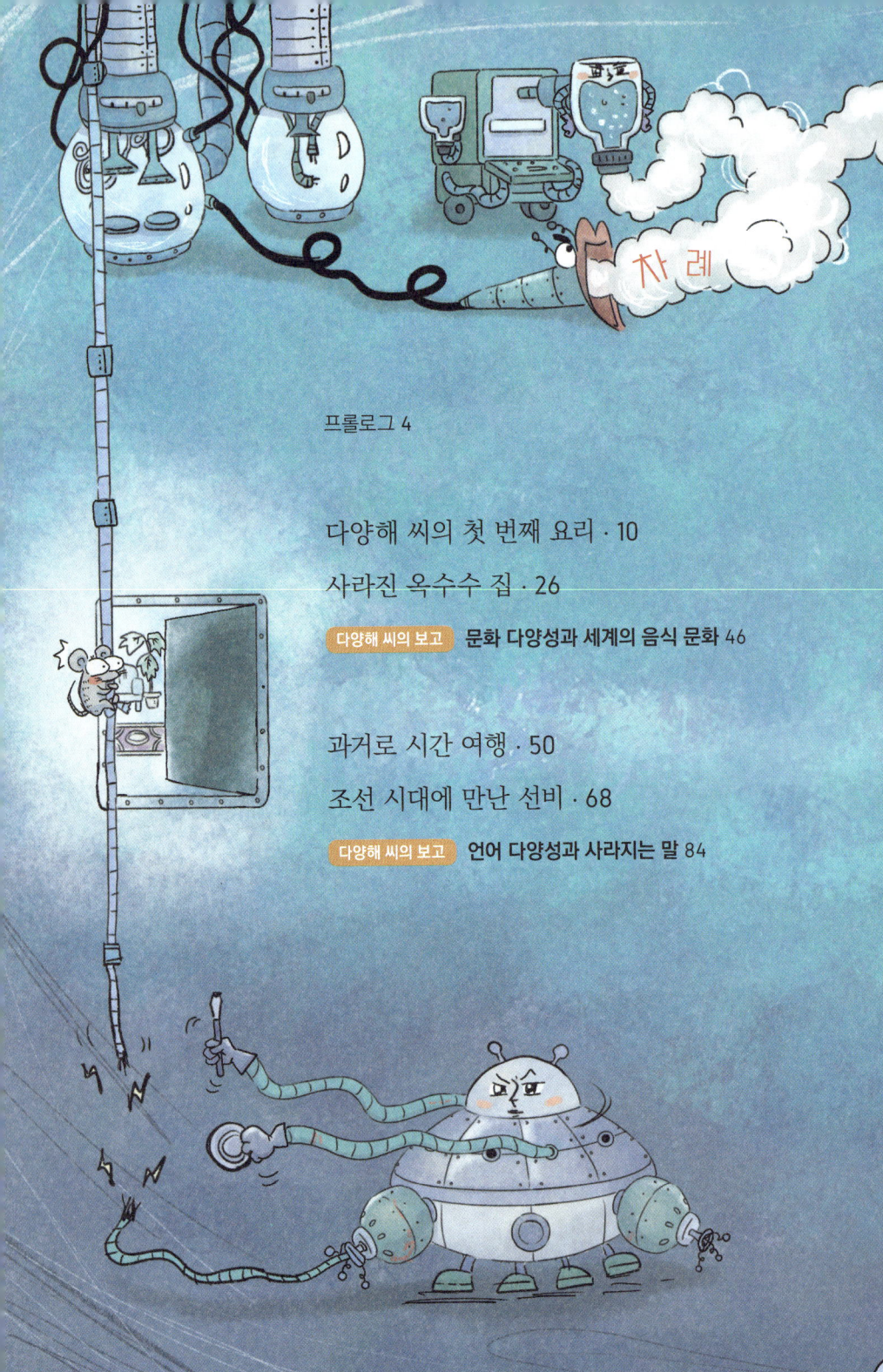

프롤로그 4

다양해 씨의 첫 번째 요리 · 10
사라진 옥수수 집 · 26
다양해 씨의 보고 문화 다양성과 세계의 음식 문화 46

과거로 시간 여행 · 50
조선 시대에 만난 선비 · 68
다양해 씨의 보고 언어 다양성과 사라지는 말 84

우리말을 지켜라! · 88
미국 대평원의 원주민 · 108
   다양해 씨의 보고 종교 다양성과 종교 탄압 122

침투교 침투 작전 · 126
또다시 바다를 구해라! · 145
   다양해 씨의 보고 다양성이 함께하는 다문화 사회 164

다양해 씨의 첫 번째 요리

"다들 왔지?"

산골 마을 별똥리 마을 회관 앞에 바다, 토미, 오데트, 로니가 모였다. 각자 한 손에는 소풍 바구니가 들려 있는데, 바구니 안에는 갓 만든 음식이 있는지 김이 모락모락 났다.

오늘은 아이들이 처음으로 다양해 씨에게 식사 초대를 받은 날이다. 아이들은 다양해 씨가 사는 옥수수 집을 뻔질나게 드나들었지만 한 번도 다 같이 모여 식사를 한 적은 없었다. 아이들이 집 안을 방방곡곡 뛰어다니며 노는 동안에도 다양해 씨는 서재에서 책만 읽었다. 그런데 웬일인지 다양해 씨가 먼저 식사 대접을 하겠다고 하니 아이들은 모두 놀라서 입을 다물지 못했다. 그리고 약속한 날인 오늘 아이들도 저마다 음식을 하나씩 챙기고 나온 참이었다.

"로니, 뭘 갖고 온 거야?"

다른 아이들 바구니 위로 김이 올라오는 것과 달리 로니 바구니에는 따뜻한 음식이 들어 있지 않은 것 같아 오데트가 의문을 가졌다.

"헤헤, 얼마 전에 인도네시아에 사는 이모가 망고를 갖고 왔거든. 진짜 달고 맛있어. 다양해 씨도 좋아할 거야."

로니의 바구니 안에는 망고 네댓 개가 들어 있었다. 그걸 보고 오데트가 망고를 가리키며 바다와 로니 얼굴을 번갈아 쳐다봤다. 얼굴에는 당혹스런 표정이 가득했다.

"로, 로니. 어휴, 다양해 씨는 옥수수밖에 안 먹잖아. 이걸 가져오면 어떡해?"

"왜? 이 망고는 정말 맛있어! 다양해 씨도 한번 먹어 보면 계속 손이 갈걸!"

로니의 천진난만한 말에 오데트가 손바닥으로 자기 머리를 탁 쳤다. 바다와 토미는 옥신각신하는 둘을 보며 환하게 웃었다.

"괜찮아. 다양해 씨가 안 먹으면 우리가 먹으면 되지. 이제 옥수수 집으로 가자."

바다가 다른 아이들을 이끌고 옥수수 집으로 향했다.

"치, 다양해 씨는 꼭 망고 먹을걸!"

맨 뒤에서 로니가 여전히 불평 어린 소리를 했다.

다양해 씨는 비록 아이들에게는 미래에서 온 과학자라고 속여 말했지만, 지구인이 한 번도 간 적이 없는 머나먼 우주 별종별에서 온 외계인이다. 별종별은 미래의 지구처럼 과학이 엄청 발전해서 별종별인은 유전자 조작으로 옥수수만 먹고도 살 수 있었다. 그래서 다양해 씨는 옥수수 말고 다른 음식에는 손을 댄 적이 없는데 로니는 다양해 씨가 옥수수를 너무 좋아해서 먹는 거라고만 생각한 모양이다. 다른 아이들이 다양해 씨가 외계인이라는 걸 아는지 모르는지 알 수 없지만 로니만은 눈치채지 못한 게 분명했다.

딱 딱 딱!

"저 별종들 또 괴짜 놈 집에 가는구먼! 무슨 일을 꾸미는 건지…."

마을 회관 앞에는 이장 할아버지도 있었는데, 아이들 뒷모습을 보며 뭐가 그리 마음에 안 드는지 지팡이로 바닥을 치며 불평 어린 말을 내뱉었다.

걸어가던 오데트가 머리 뒤가 간지러워 돌아보니 이장 할아버지가 찡그린 채 쳐다보고 있었다. 오데트도 맘에 안 드는 이장 할아버지를 향해 흥 하고 콧방귀를 뀌며 고개를 휙 돌려 제 갈 길을 갔다. 이장 할아버지 얼굴이 부들부들 떨리는 듯했다.

"다양해 씨, 저희 왔어요!"

아이들은 옥수수나무를 헤치며 집 현관으로 들어섰다. 다양해 씨의 집은 옥수수나무로 빙 둘러싸여 있어 마을 사람들이 옥수수 집이라고 불렀다.

"저는 부엌에 있습니다."

아이들 목소리에 다양해 씨가 반응했다. 부엌에서는 왈캉달캉 어수선한 소리가 들려왔다.

"다양해 씨?"

"아, 어서 오십시오."

아이들이 부엌으로 걸어가서 고개를 빼꼼히 내밀며 들여다봤다. 뒤돌아서 허리를 굽히고 있던 다양해 씨가 몸을 쭉 펴고 돌아서며 아이들을 맞이했다.

꺄아아아악~!

"피, 피!"

"다양해 씨, 피가 났어요!"

아이들 눈에 다양해 씨는 피범벅인 것처럼 보였다. 다양해 씨가 두른 하얀 앞치마는 온통 빨갛게 물들었고, 시퍼런 얼굴마저 빨간 물이 덕지덕지 묻어 있었다. 평소 쓰던 중절모 대신 위생모를 쓰고 있었는데, 거기까지도 빨간 물이 튀었다.

"여러분, 진정하십시오. 이건 떡볶이 국물입니다."

다양해 씨가 두 팔을 벌려 보이며 야단법석인 아이들을 안심시켰다.

"킥킥킥. 깜짝 놀랐네. 대체 어쩌다 그런 거예요?"

"제가 요리는 처음이라…."

피범벅인 다양해 씨의 모습이 우여곡절을 말해 주는 듯했다. 부엌 상황은 그야말로 난장판이었다. 빨간 국물, 검은 소스 자국이 난 냄비들이 어지러이 널려 있고, 싱크대 앞 벽면까지도 뭐가 튀었는지 지저분했다.

"자, 모두 앉으시겠습니까? 음식이 다 됐습니다."

다양해 씨가 깨끗한 식탁을 가리켰다. 아이들은 하나둘

식탁 앞에 자리를 차지하고 앉았다. 곧 음식이 하나씩 식탁 위로 올라왔다. 떡볶이, 불고기, 계란말이, 김밥까지. 아이들이 좋아하는 음식이 먹음직스럽게 보였다. 음식이 다 나오고 나서야 다양해 씨는 맨 끝 자리에 앉았다.

"다양해 씨, 저희도 갖고 왔어요."

이번에는 바다, 토미, 오데트가 음식을 내놓았다. 소풍 바구니에서 꺼낸 찐 옥수수, 옥수수 버터 구이, 옥수수 수프가 다양해 씨 자리 앞에 차려졌다.

"오, 고맙습니다. 이제 한번 드셔 보시겠습니까? 레시피대로 했는데 맛이 어떨지 모르겠습니다."

다양해 씨가 옥수수 하나를 들고 입으로 갖다 댔지만 눈은 아이들을 향해 있었다. 바다는 떡볶이를, 토미는 불고기를, 오데트는 김밥을, 로니는 계란말이를 하나씩 집어서 입 안에 넣었다.

"윽!"

누군가의 입에서 외마디 비명이 튀어나왔다. 순간 시간이 정지한 것처럼 모두 입을 다문 채 까딱하지 않았다. 얼굴은 핏기 하나 없이 창백하게 질려 버렸다. 세상에서 처음 겪어 보는 음식 맛이었다.

"어떠십니까?"

"마, 마, 맛있어요."

잔뜩 기대하는 눈빛으로 물어보는 다양해 씨에게 바다가 음식을 삼키지도 않으며 대답했다. 그제야 다양해 씨는 흡족한 미소를 살짝 머금고 나서 옥수수를 편하게 먹기 시작했다.

"킥킥킥. 근데 다양해 씨, 김밥 안에 햄이 없어요. 깜빡했나 봐요."

김밥 하나를 꿀꺽 삼키고 다른 김밥을 살피던 오데트가 웃음을 터뜨렸다.

"아, 로니 씨가 돼지고기를 안 먹기 때문에 뺐습니다."

"와, 고마워요. 다양해 씨."

겨우 계란말이를 삼킨 로니가 다양해 씨를 보며 헤벌쭉 웃었다. 이슬람교를 믿는 로니의 가족은 돼지고기를 먹지 않았다. 그걸 알고 있던 다양해 씨가 맛은 없어도 모두가 먹을 수 있는 음식을 준비한 거였다.

"저번에 마을 잔치를 할 때 정말 화가 났어요. 그때 이장 할아버지가 돼지고기를 맛보라며 우리 가족한테 권했어요. 그래서 우리는 돼지고기를 안 먹는다고 하니까, '쯧쯧! 한국에 왔으면 한국 법을 따라야지' 하고 빈정대는 거예요. 어른들이 전부 다양해 씨 같으면 참 좋을 텐데…."

로니가 이장 할아버지 행동을 떠올리며 얼굴을 일그러뜨렸다.

"그건 이장님이 잘못한 것 같습니다. 지역마다 사람마다 먹는 음식의 종류는 다릅니다. 지역에 따라 구하기 쉬운 재료에 맞춰 음식의 종류가 결정되기도 하고, 이슬람교나 유대교인들은 돼지고기를 안 먹고 힌두교인들은 소고기를 안 먹는 것처럼 종교적 신념에 따라 음식의 종류가 나뉘기도 합니다."

바다와 토미는 귀담아들으려는 듯 자세를 고쳐 앉았고, 오데트는 무슨 이야기든 술술 풀어내는 다양해 씨를 신기하게 쳐다봤다.

"또 있어요. 아빠가 젓가락질이 서툴러서 음식을 손으로 먹으니까 이장 할아버지가 막 미개하다고 했어요."

"아마 이장 할아버지는 문화 차이를 인정하기 싫어하는 게 아닌가 싶습니다. 음식의 종류가 다른 것처럼 음식을 먹는 방식도 다릅니다. 음식마다 도구를 써서 먹어야 편리한 경우도 있지만 손으로 먹는 게 편리한 경우도 많습니다. 문화는 나라나 민족에 따라 다 다른 것이기에 어떤 문화가 더 낫다거나 못하다거나 할 수 없습니다."

"흥! 나중에 이장 할아버지한테 또 한마디 해야겠어요!"

오데트가 로니 옆에서 같이 분노했다.

아이들은 세계의 음식 문화에 대한 이야기를 들으며 차려진 음식을 먹었다. 비록 맛은 좀 없지만 다양해 씨의 정성을 생각하며 끝까지 젓가락을 놓지 않았다. 먹다 보니 오묘한 맛에 익숙해졌다.

"와, 다 먹었다."

음식이 있던 접시를 깨끗이 비우고 만족스러운 건지 기쁜 건지 모를 미소를 띠며 로니가 두 팔을 번쩍 들었다.

"다양해 씨, 제가 디저트를 준비했어요. 엄청 달고 맛있는 망고예요."

옥수수 요리를 준비 못했던 로니가 드디어 기회가 왔다는 듯 재빨리 바구니에서 망고를 끄집어냈다. 이를 지켜보던 오데트는 어휴 하며 고개를 절레절레 흔들었다.

"아, 마, 망고군요. 고, 고맙습니다."

다양해 씨가 당황한 듯 쭈뼛쭈뼛 움직였다. 망고를 받는 두 손이 벌벌 떨리고 있었다.

띠리리~ 띠리리~

그때 마침 품속에서 휴대폰 울리는 소리가 들렸다. 다양해 씨는 반가운 얼굴로 휴대폰을 꺼내 들었다.

"네, 상자 씨. 네, 네, 알겠습니다."

금세 통화를 마친 다양해 씨의 표정은 자못 진지했다.

"지금 당장 상자 씨에게로 가야겠습니다. 위원장님의 메시지입니다. 제가 여기를 정리하고 갈 테니 여러분은 먼저 조종실로 들어가 계십시오."

다양해 씨의 말에 아이들 표정도 진지해졌다. 고개를 끄덕이고 벌떡 일어나 서재를 향해 걸어갔다.

"아, 망고는 먹지도 못했는데…."

다른 아이들 뒤를 따르며 로니가 망고 하나를 주머니에 챙겨 넣었다.

서재 안으로 들어온 아이들은 책장 앞으로 다가갔다. 그리고 바다가 눈높이에 맞는 책 하나를 당겼고, 다른 아이들은 혹시라도 누가 보지 않을까 주변을 두리번거렸다.

"우리는 다양해."

당긴 책 사이에 입을 가까이 하고 작은 목소리로 암호를 댔다. 그러자 덜커덕 하고 비밀 연구소 문이 열렸다.

 1년 전 아이들이 다양해 씨의 비밀 연구소를 발견했을 때만 해도 암호는 없었다. 생물 다양성을 파괴하려던 침투해 씨의 계획을 가로막고 나서야 다양해 씨와 아이들만의 암호가 생겼다. 그 이후 아이들은 자유롭게 비밀 연구소를 들어갈 수 있었다. 특히 오데트와 로니는 암호를 대면 문이 열리는 게 재밌다며 걸핏하면 들락날락했다.

 비밀 연구소 안은 최첨단 장비와 실험 도구로 가득했고 구석에는 작은 상자가 놓여 있었다. 아이들은 상자를 향해 반갑게 손을 흔들며 다가갔다.

 "안녕, 상자 씨."

 아이들이 알은체하자 상자 앞면에 눈, 코, 입이 생기며 정체가 드러났다. 다양해 씨가 아이들에게는 타임머신이라고 했지만 사실 우주선인 상자 씨였다. 상자 씨는 어떤 무생물이나 로봇으로도 변신이 가능한데 평소에는 정체를 감추기 위해 흔한 상자 모양으로 변해 있었다.

 "상자 씨, 다양해 씨가 먼저 조종실에 가 있으라고 했어. 문을 열어 줘."

 "알겠습니다."

상자 덮개가 활짝 열렸다. 아이들은 익숙한 듯 상자 안으로 발을 집어넣었다.

상자 씨 안은 긴 계단으로 이루어졌다. 아이들이 계단을 밟을 때마다 발밑으로 불이 들어와 어두운 공간을 밝혀 주었다. 조종실은 맨 밑에 있었다. 아이들은 꾸불꾸불 계단 길을 내려가서 조종실 안으로 들어섰다.

"대체 무슨 일일까? 1년 동안 아무 일도 없었잖아."

"또, 또 치, 침투, 해 씨, 아, 닐까?"

바다의 의문에 토미가 침투해 씨의 이름을 언급하자 둘의 분위기는 무겁게 가라앉았다. 반면 오데트와 로니의 눈빛은 활활 타오르는 듯했다.

"상자 씨, 위원장님 메시지를 띄워 주십시오."

어느새 뒤따라온 다양해 씨가 조종실로 들어서며 말했다. 다양해 씨는 얼굴에서 떡볶이 국물 자국을 지우고, 다시 중절모를 썼으며 앞치마를 벗어 말끔한 모습이었다.

조종실 벽 화면에 알 수 없는 모양의 글자가 나타났다. 그리고 글자를 읽어 가는 다양해 씨의 눈은 점점 가늘어졌다.

"침투해 씨입니다. 다시 행동을 시작했습니다."

다양해 씨가 아이들에게 나지막이 말했다.

"으악, 그 이상한 아저씨가 또요?"

오데트와 로니가 침투해 씨를 떠올리며 머리를 쥐어뜯었다.

"또 생물 다양성을 파괴하려는 건가요? 괴로웠던 동물들만 생각하면 아직도 화가 나요!"

"이번에는 문화 다양성을 파괴하려는 것 같습니다."

"문화 다양성이요? 문화 다양성이 파괴되도 큰일이 일어나나요?"

"그렇습니다. 만약 세계의 문화 차이를 망가뜨려 버린다면, 사람들 사이에 다툼이 끊이지 않을지도 모릅니다."

바다의 질문에 다양해 씨가 하나하나 설명을 이어 나갔다.

"그럼 빨리 막으러 가요! 어디로 가면 되죠?"

로니가 다양해 씨를 재촉했다.

"미국 원주민 보호 구역에 침투해 씨의 흔적이 발견됐다는 정보가 들어왔습니다."

"워, 워, 원주민, 보, 호, 구역요?"

다양해 씨의 말에 토미가 깜짝 놀라 되물었다. 북아메리카 원주민인 토미는 별똥리로 이사 오기 전 원주민 보호 구역에서 살았다.

"그렇습니다. 지금 당장 출발해야 합니다. 상자 씨, 부탁합니다."

조종실 안이 덜컹거렸다. 상자 씨가 움직이기 시작한 것이다. 상자 씨는 비밀 연구소 안에서 서서히 떠오르더니 파리 로봇으로 변신했다. 그리고 거실 벽난로를 통해 집 밖으로 나간 뒤에는 비행선으로 변신해 씽하고 날아갔다.

"좋았어! 또 모험이다!"

모험할 생각에 오데트와 로니는 흥분을 감추지 못하며 주먹을 앞으로 내질렀다. 토미는 근심 어린 표정으로 조종실 밖 파란 하늘만 가만히 바라봤다.

사라진 옥수수 집

비행선으로 변신한 상자 씨가 원주민 보호 구역에 도착하는 데는 긴 시간이 걸리지 않았다. 순식간에 날아와 미국 중부에 있는 한 원주민 보호 구역에 다다랐다.

"여, 여기는…."

토미는 원주민 보호 구역을 쭉 둘러보고서 금세 자신이 태어났던 곳이라는 걸 기억했다.

"토미, 네가 살던 곳이야?"

토미를 표정을 보고 눈치챈 바다가 물었다. 그러자 토미는 말없이 고개를 끄덕였다.

"토미의 고향이구나. 마을이 정말 예뻐!"

"토미 형, 최고야! 최고! 예쁘고, 아름답고, 조용해."

바다가 마을을 칭찬하는 걸 듣고서 로니도 마을이 너무 좋다며 펄쩍 뛰었다.

"응, 조용하네…. 근데 너무 조용해."

"맞아. 지나다니는 사람이 한 명도 없어."

바다와 오데트가 마을의 풍경을 덧붙여 이야기하려다가 이상한 것 같아 읊조리듯 말을 이었다. 정말 거리에는 사람도 없고 집집마다 문은 닫혀 있어 아무도 살지 않는 마을처럼 보였다. 바람이 불 때 먼지구름만 휭 하고 돌아다닐 뿐이었다.

"모두 어디 갔을까요?"

"모르겠습니다. 분위기가 심상치 않습니다."

다양해 씨와 아이들은 이곳저곳을 휘둘러보며 걷기 시작했다. 혹시 침투해 씨의 흔적은 없는지, 다른 사람들은 어디 있는지 살폈다. 한참을 돌아다니다가 갑자기 오데트가 우뚝 자리에서 멈췄다.

"어? 다양해 씨, 무슨 소리가 들려요."

오데트가 가만히 서서 작은 소리에 귀를 기울였다.

"휘파람 소리 같아. 이쪽이야!"

소리가 나는 곳을 오데트가 가리키자 바다가 곧바로 뛰쳐나가고 그 뒤를 오데트, 토미, 로니가 뒤따랐다. 마지막으로 다양해 씨가 뒤쳐져서 쫓았다.

휘~ 휘휘~ 휘휘휘~

휘파람 소리가 가까워지고 바다는 하얀 페인트가 칠해진 2층 나무 집 앞까지 가서야 멈춰 섰다. 1층 입구에서 한 할아버지가 의자에 앉아 휘파람을 불고 있었다.

"쓸쓸한 소리야."

집 앞에 막 도착한 바다가 바로 앞에서 들리는 소리에 반응했다.

"헉! 헉!"

마지막으로 온 다양해 씨가 숨을 헐떡였다. 손으로 무릎을 짚고 허리를 굽힌 채 숨을 골랐다.

옆에서 토미가 놀란 눈으로 할아버지를 향해 걸어갔다. 할아버지는 토미를 알아보고 휘파람 부는 걸 멈추고 일어섰다. 서로 아는 사이인 듯 매우 반가워했다. 둘은 곧바로 대화를 나눴다.

"토미의 할아버지인 것 같습니다. 잠시 이야기를 나눠 봐야겠습니다."

토미와 할아버지가 영어와 원주민어를 섞어서 말하는 통에 아이들은 알아들을 수 없었지만 다양해 씨는 문제가 없었다.

"안녕하십니까? 저는 다양해라고 합니다. 여쭤 볼 게 있습니다."

"오오, 당신이 다양해 씨군요."

"저를 아십니까?"

다양해 씨는 처음 보는 토미 할아버지가 자신을 알은체해서 바로 되물었다.

"네, 이야기를 들었습니다. 토미와 함께 파란 얼굴의 사람이 올 거라고요. 그 사람 이름이 다양해 씨라는 것도요."

"누, 누가 그런 이야기를 해 주었습니까?"

"새빨간 얼굴을 한 사람이었습니다."

다양해 씨는 표정에 변화가 없었지만 눈동자만큼은 흔들렸다. 이를 지켜보던 아이들도 다양해 씨의 눈빛을 보고 무슨 일이 생겼다는 걸 느낄 수 있었다.

"그 사람은 어디로 갔습니까? 마을 사람들은 또 어디 있습니까?"

"어디론가 떠났어요. 마을 사람들도 뭐에 홀렸는지 그 사람을 교주라고 하며 따라가더군요. 아, 그 사람이 당신이 오면 이걸 주라고 했습니다."

할아버지가 주머니에서 꾸깃꾸깃한 종이 하나를 건넸다. 다양해 씨는 종이를 천천히 펼쳐 보았다. 그 안에서 별종어로 쓰인 글자가 드러났다. 침투해 씨가 남긴 메시지였다.

"무슨 일이에요? 그 쪽지에 뭐라고 적혀 있나요?"

다양해 씨 표정이 심각해지는 걸 본 바다가 다가와서 물었다. 다양해 씨는 아이들이 쪽지 내용을 알아들을 수 있게 또박또박 읽어 나갔다.

"내가 여기 있다는 정보는 일부러 흘린 거라네. 내 계획을 망쳤던 자네와 꼬마들을 꾀어내기 위해서 말일세. 만약 자네가 이 글을 읽고 있다면 내 계획은 이미 절반쯤 성공한 거라네. 감히 날 막을 수 있을 줄 알았나? 별똥리로 돌아가 보게. 내 말이 무슨 뜻인지 잘 알게 될 걸세. 허허허…."

"침투해 씨의 목소리가 들리는 것 같아 기분이 나빠!"

오데트가 주먹을 불끈 쥐며 하늘을 향해 마구 휘저었다.

"다양해 씨, 그게 무슨 소리예요?"

"모르겠습니다. 하지만 위험한 일이 벌어질 것 같습니다. 당장 별똥리로 돌아가야 합니다."

다양해 씨와 바다, 오데트, 로니는 서둘러 토미 할아버지에게 인사하고 뒤돌아 움직였다.

"하, 할아버지, 그, 급한, 일이 있, 어, 가, 가 볼게요."

"그래, 몸 조심하려무나."

마지막으로 토미가 인사하자 할아버지는 어서 가라는 듯 손짓했다.

할아버지의 시선이 닿지 않는 곳까지 가서야 다양해 씨와 아이들은 상자 씨 안으로 들어갔다. 상자 씨는 곧 비행선으로 변해 별똥리를 향했다. 비행선이 지나간 길을 따라 하늘에 구름이 만들어졌다. 토미 할아버지는 다시 자리에 앉아 비행선이 지나간 흔적을 따라 하늘을 올려다봤다. 그리고 나지막이 중얼거렸다.

"우리 세상을 돌려 주시오."

별똥리에 오는 내내 다양해 씨는 아무 말이 없었다. 혹시라도 자신 때문에 별똥리에 피해가 생긴 건 아닌지 걱정이 많았기 때문이다.

별똥리 위에 도착한 비행선은 서서히 내려가며 파리 로봇으로 변신했다. 그리고 옥수수 집 굴뚝을 찾았다. 그런데 굴뚝을 찾을 수 없었다. 파리 로봇은 왱왱거리며 공중을 배회할 뿐이었다.

"다, 다양해 씨?"

상자 씨의 당황한 목소리가 들렸다.

"왜 그러십니까? 어서 연구소로 들어가 주십시오."

"그, 그게…. 여기가…."

상자 씨가 말을 잇지 못하자 다양해 씨가 바깥 풍경을 찬찬히 살펴보았다. 멀리 보이는 산등성이, 앞쪽에 흐르는 냇물이 꼭 옥수수 집 주변 모습인데 눈앞에는 빈터만 남아 있었다.

으아아아아악!

다양해 씨가 무언가를 깨닫고 고함을 질렀다. 그리고 다급히 조종실을 빠져나가 계단 위로 달렸다. 아이들도 다양해 씨를 재빨리 뒤쫓았다. 항상 다양해 씨는 달릴 때 아이들보다 뒤처졌는데, 이번엔 누구보다 날렵했다.

아이들이 상자 밖으로 나왔을 때 다양해 씨는 손바닥과

무릎을 땅바닥에 대고 주저앉아 있었다. 늘 쓰고 있던 중절모가 떨어져 다양해 씨의 두 더듬이가 드러났는데 더듬이도 축 쳐진 모양이었다.

"다양해 씨, 무슨 일이에요?"

바다가 다양해 씨 곁으로 다가갔다.

"지, 집이, 연구소가 사라졌습니다."

그제야 아이들도 눈앞에 보이는 공터가 옥수수 집이 있던 자리란 걸 깨닫고 악 하고 소리 질렀다. 원래 집과 옥수수나무로 가득해야 할 공간에 아무것도 없이 흙바닥만 덩그러니 보일 뿐이었다.

"대체 무슨 일이 일어난 거죠? 다양해 씨, 정신 차려요!"

바다가 다양해 씨 어깨를 흔들었지만 다양해 씨는 꿈쩍도 하지 않았다. 마치 돌처럼 굳어 있었다.

"무슨 일이 있었는지 우리가 알아봐야겠어. 마을 회관 앞으로 가 보자."

절망에 빠진 다양해 씨를 두고 바다가 다른 아이들을 이끌었다. 마을 어귀 마을 회관 앞에는 언제나처럼 이장 할아버지가 서성이고 있었다. 다른 때라면 이장 할아버지를 만나는 게 달갑지 않았겠지만 지금은 뭐라도 물어볼 사람이 있다는 생각에 반가웠다.

"할아버지, 안녕하세요. 뭐 좀 물어볼 게 있어요."

바다가 앞장서서 이장 할아버지에게 인사했다.

"이크! 깜짝아! 넌 누구냐?"

이장 할아버지가 갑자기 나타난 바다를 발견하고 눈이 휘둥그레졌다.

"놀라셨다면 죄송해요. 저 바다예요."

가슴에 손을 대며 바다가 자신을 소개했는데도 이장 할아버지는 누군지 모르겠다는 기색이었다. 바다 뒤로 다른 아이들이 다가오자 아이들을 이상하다는 듯 쳐다보며 고개를 갸웃했다.

"바다가 누군데? 그리고 너희들은 다 누구냐?"

"전 로니잖아요. 로니."

"저, 저는, 토, 토미."

"흥! 이름도 다 까먹으셨나 보네. 같은 마을 아이들도 못 알아보고."

아이들이 저마다 자기를 알렸지만 이장 할아버지의 태도는 변하지 않았다. 오데트는 입을 삐쭉 내밀었다.

"나 원 참, 우리 마을에는 아이들이 살지 않아. 너희들이 누군지 모르겠는데, 어서 우리 마을을 나가거라. 내가 이 앞을 지키고 섰는데 어디서 외지인이 들어왔어!"

이장 할아버지가 불평을 터뜨리는데 바다는 뭔가 잘못됐다는 걸 느꼈다.

"할아버지, 옥수수 집은요? 옥수수 집은 어디로 갔어요?"

"옥수수 집?"

"네, 저기 개천 건너 있는 집 말이에요."

바다가 옥수수 집 방향을 가리켰다.

"예끼, 이 녀석아! 어디 어른한테 장난질이냐? 거기 있는 집은 30년 전에 부서졌어. 그런데 무슨 집이 있단 소리냐? 그리고 그때부터 우리 마을은 외지인을 받지 않아서 노인들밖에 안 사는데 너희가 어떻게 마을 아이라는 거냐?"

이장 할아버지 말에 아이들 모두 당혹감을 느꼈다.

"언니, 나 우리 집에 가 볼래."

"나도, 나도."

오데트와 로니가 뒷걸음질쳤다.

"알겠어. 그럼 다들 집에 가 보고, 옥수수 집이 있던 자리에서 만나자."

아이들은 모두 고개를 끄덕이고 각자의 집으로 흩어졌다.

"저 별난 녀석들, 마을 밖으로 안 나가고 어디 가는 거야?"
뒤에서 이장 할아버지는 또 투덜거렸다.

 마을 회관에서 가장 멀리 떨어진 바다네 집은 꼭대기 언덕에 있었다. 누구보다 잘 달리는 바다는 금세 언덕을 올랐다. 언덕 위에 있는 집은 얼핏 보기에도 어색한 점이 있었지만 신경 쓸 겨를이 없었다.
 "엄마! 엄마!"
 집 안으로 들어서며 바다는 엄마를 찾았다. 하지만 아무런 반응이 없었다. 집 구석구석을 뒤지는데 아무도 없고, 또 원래 있던 TV도 냉장고도 보이지 않았다. 천장 곳곳에 거미줄만 새하얗게 쳐져 있었다. 마치 오랫동안 아무도 살지 않은 집 같았다.
 바다는 밖으로 나와 집의 바깥 모습을 둘러봤다. 바깥벽은 군데군데 때가 탔고 집 주변은 너저분한 게 누구도 신경 쓰지 못한 것처럼 보였다. 오늘 아침에도 바다가 집 앞을 청소했는데 몇 시간 만에 이럴 리가 없었다.
 다시 바다는 언덕길을 따라 옥수수 집을 향해 계속 뛰었다. 눈물이 터져 나올 것 같았지만 꾹 참았다.

옥수수 집터가 가까워질수록 로니의 울음소리가 크게 들렸다. 바다가 도착했을 때 로니는 땅바닥을 뒹굴며 울어 댔고 오데트도 옆에서 훌쩍거리고 있었다. 토미는 울지는 않았지만 침착해 보이지는 않았다. 어느새 정신을 차렸는지 다양해 씨만 아이들을 다독이고 있었다.

"언니, 우리 집에 아무도 없어. 내 방도 사라졌어."

"으아앙! 우리 집도야!"

오데트와 로니가 바다를 향해 울며 다가와 안겼다. 바다는 두 아이의 등을 두드리며 애써 슬퍼하지 않으려 했다.

"다양해 씨, 우리가 별똥리로 이사 왔던 흔적도 사라졌어요. 이장 할아버지가 30년 전부터 외지인을 안 받았대요."

바다가 이장 할아버지와 나눴던 대화를 다양해 씨에게 자세히 설명했다. 이야기를 들으면서 다양해 씨의 눈빛이 확 달라졌다.

"이제 알겠습니다. 시간 구슬입니다."

"시간 구슬요?"

"그렇습니다. 침투해 씨가 시간 구슬을 이용해 과거로 가서 미래를 바꾼 것 같습니다."

"그럼 우리도 과거로 가서 세상을 바로잡아야죠!"

시간 구슬이라는 말에 로니가 울음을 뚝 그치고 모험 떠날 의지를 불태웠다.

"좋습니다. 일단 30년 전으로 가서 별똥리에 무슨 일이 벌어졌던 건지 확인해 봐야겠습니다. 상자 씨, 시간 구슬을 꺼내 주십시오."

로니의 기운을 받은 건지 다양해 씨도 목소리가 커졌다. 힘차게 상자 씨에게 손을 뻗기까지 했다.

"다, 다양해 씨, 시간 구슬은…."

그런데 상자 씨가 제대로 말을 못하고 쭈뼛거렸다. 보이지는 않지만 식은땀을 흘리는 듯했다.

"시간 구슬은 연구소 금고에 넣어 두었습니다. 전에 시간 구슬을 사용하는 건 바람직한 일이 아니라고 해서…."

"네?"

다양해 씨가 또 예상치 못한 상황에 맞닥뜨렸는지 입을 쩍 벌리고 멈춰 섰다.

"아유, 답답해! 상자 씨가 타임머신인데 그냥 과거로 가면 되잖아요!"

옆에서 지켜보던 로니가 둘 대화가 답답한지 가슴을 팡팡 치며 나섰다. 다양해 씨는 아이들에게 상자 씨를 타임머신이라고 속여 말했기 때문에 아무 대답도 하지 못했다.

"로니, 아마 상자 씨가 타임머신이어도 아무 때나 시간 여행을 하는 것은 어려운가 봐. 시간 구슬이라는 게 있어야 가능한 걸지도 몰라. 그렇죠? 다양해 씨?"

바다는 뭔가 알고 있는 눈치였다. 그래서 아무것도 모르는 로니에게 돌려서 설명했다.

"모든 게…. 끝장났습니다…."

또다시 다양해 씨는 무릎을 꿇고 주저앉아 돌처럼 굳어 버렸다. 중절모도 또 툭 떨어졌다.

시간 구슬은 별종별 과학자들이 만든 최첨단 장비였다. 구슬 조작법만 알면 어디서든 시간 여행이 가능했다. 하지만 다른 시간으로 가서 역사를 바꾸는 건 위험한 일이기에 별종별에서도 함부로 사용하는 게 금지되어 있었다. 다양해 씨처럼 다른 별로 온 연구자들에게만 몇 개씩 제공되었는데 어찌된 일인지 침투해 씨에게도 있는 듯했다.

"다양해 씨, 혹시 시간 구슬이 금빛이 나는 건가요?"

좌절하고 있는 다양해 씨 뒤에서 오데트가 물었다.

"어, 어떻게 아십니까?"

오데트가 시간 구슬을 본 듯 말하자 다양해 씨가 정신을 번쩍 차렸다. 잽싸게 중절모를 다시 쓰며 벌떡 일어섰다. 고개를 돌려 오데트를 바라봤는데 오데트의 손에 황금빛 구슬이 들려 있었다.

"맞습니다! 시간 구슬입니다! 어디서 나셨습니까?"

다양해 씨 얼굴에 화색이 돌았다.

"그게, 작년에 페트 씨 안에 들어갔을 때 이 구슬이 여러 개 있었어요. 너무 예뻐 보이길래 들고 있었는데 갑자기 유령 소리가 나서 깜짝 놀라 갖고 나와 버렸어요."

오데트가 침투해 씨의 우주선인 페트 씨 내부로 숨어들었을 때를 떠올리며 말했다.

"아니, 또 이런다. 그때 우리밖에 없었는데 무슨 유령이 있었다고 그래? 예쁘니까 가져왔으면서…."

"아니라고! 정말 유령이 있었다니까? 내가 똑똑히 들었어."

오데트와 로니가 티격태격했다. 다양해 씨는 둘을 말릴 생각도 하지 않고 환한 미소만 지었다.

"아닙니다. 잘했습니다. 이제 과거로 가서 침투해 씨의 계획을 막고 시간을 바로잡을 수 있습니다. 오데트 씨 잠시 구슬을 빌려 주시겠습니까?"

다양해 씨가 오데트에게서 구슬을 건네받았다. 그러고는

시간 구슬을 요리조리 만지더니 바닥으로 툭 던졌다. 잠시 후 시간 구슬이 쩍 하고 갈라지면서 시간의 문이 생겼다. 원 모양의 테두리 안에는 마치 우주가 펼쳐진 것처럼 어둡고 끝없는 세상이 보였다. 이 과정을 지켜보며 오데트와 로니도 덩달아 입을 쩍 벌리며 설렘을 맘껏 나타냈다.

"시간 구슬은 딱 다섯 번 사용할 수 있습니다. 저희는 한 개밖에 없으니 신중하게 사용해야 합니다. 그럼 30년 전으로 가겠습니다."

다양해 씨가 시간의 문 안으로 들어가라는 손짓을 했다. 오데트와 로니는 먼저 들어가겠다며 서로 밀고 당기면서 뛰었다.

"다양해 씨, 괜찮은 거죠?"

바다가 침을 꼴깍 삼키며 물었다. 다양해 씨는 무덤덤하게 고개만 끄덕일 뿐이었다.

우히히히히힉!

바다가 신난 듯 겁먹은 듯 알 수 없는 괴상한 소리를 내며 문 안으로 뛰었다. 곧이어 토미와 상자 씨가, 마지막으로 다양해 씨가 옥수수 집이 있던 텅 빈 땅을 곰곰이 바라보다가 발을 넣었다.

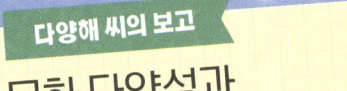

다양해 씨의 보고
문화 다양성과 세계의 음식 문화

다양해 씨는 연구 성과가 있을 때마다 별중별 미래공존위원회 위원장에게 지구의 다양성에 대해 보고했다.

안녕하세요, 다양해 씨. 오랜만이군요. 최근에 문화 다양성을 연구한다는 이야기를 들었어요. 문화 다양성이란 무슨 말인가요?

안녕하십니까, 위원장님.

문화 다양성은 여러 지역에서 살아가는 집단마다 언어, 의상, 전통, 도덕과 종교 등 문화 전반이 다양함을 뜻합니다.

그럼 문화 다양성도 지구인에게 중요한가요?

그렇습니다. 지구인들은 최근 들어 문화 다양성이 중요하다는 것을 깨달았습니다. 그래서 2001년 유네스코 총회에서는 '세계 문화 다양성 선언'을 하기에 이르렀습니다.

이 선언에서는 문화 다양성이 생물 다양성만큼이나 인류에게 필요하다고 말합니다. 그러므로 각 국가나 민족이 고유한 문화를 가지고 있음을 인정하고 문화 다양성을 보존해야 한다고 강조합니다.

그렇군요.
그런데 지구인들에게
문화 차이란
대체 무엇인가요?

지구인들의 음식 문화로 예를 들어 보겠습니다.
지역에 따라 사냥할 수 있는 동물과
자라는 식물이 다르니 자연스레 음식 재료도 다릅니다.
게다가 힌두교를 믿는 지구인은 소고기를 먹지 않고,
이슬람교를 믿는 지구인은 돼지고기를 먹지 않는 등
종교적인 차이 때문에 음식 재료가
다르기도 합니다.

음식 재료가 다른 건 아주 자연스러운 일이지만 가끔 이를 못마땅하게 보는
지구인들도 있어 문제가 발생합니다. 가령 극지방에 사는 이누이트족은
날고기를 먹는데 이를 처음 봤던 지구인들은 야만스럽다고 말했습니다.
그러나 추운 극지방에서 날고기를 먹는 건 위생에 큰 문제가 되지도 않을뿐더러
구하기 어려운 채소와 과일 대신 날고기를 통해 비타민을 섭취합니다.
자신과 다른 음식을 먹는다고 비난할 일이 아닌 것입니다.

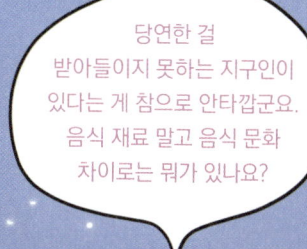

당연한 걸 받아들이지 못하는 지구인이 있다는 게 참으로 안타깝군요. 음식 재료 말고 음식 문화 차이로는 뭐가 있나요?

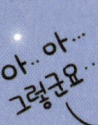

아.. 아... 그렇군요

먹는 방식에서도 차이가 있습니다. 각 지역마다 좀 더 편리하거나 위생적인 방식을 찾아 손이나 도구를 이용해 음식을 먹습니다.

여기서도 포크나 젓가락으로 음식을 먹는 지구인이 손으로 음식을 먹는 지구인을 비난하는 경우도 있지만, 실제로 지구인의 40%는 손을 사용하고, 30%는 포크와 나이프를, 30%는 젓가락을 사용해 음식을 먹는다고 합니다.

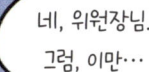

네, 위원장님. 그럼, 이만...

서로의 문화 차이를 인정하면 될 일인데 그렇지 않은 지구인이 많은 것 같군요. 그럼 다음에는 어떤 문화 다양성 이야기가 있을지 기대할게요.

과거로 시간 여행

"우아! 너무 재밌어! 또 들어가고 싶어!"

"웩! 난 어지러워."

오데트가 흥이 난 것과 달리 바다는 다양해 씨 얼굴색처럼 시퍼렇게 질려 있었다. 아이들은 시간 여행에서 기묘한 경험을 했다. 수많은 별이 반짝이는 우주 공간을 쏜살같이 날아가는 기분이었다. 잠깐의 여행이었지만 아주 긴 시간처럼 느껴지기도 했다.

시간의 문 밖으로 나온 아이들이 도착한 곳은 30년 전 옥수수 집이 있는 자리였다. 다행히 미래의 옥수수 집과 겉모습이 같은 집이 있었다. 아니 오히려 지은 지 얼마 안 됐는지 새 집처럼 보였다. 다만 집 주변에 다양해 씨가 키우던 옥수수나무는 볼 수 없었다.

"자, 이건 오데트 씨 거니까 갖고 계시겠습니까? 제가 필요할 때마다 빌리겠습니다."

"킥킥. 네, 제가 잘 보관할게요."

다양해 씨가 시간 구슬을 오데트에게 돌려주자 오데트가 기쁜 듯 받았다.

"그럼 마을에 무슨 일이 생겼는지, 침투해 씨 흔적은 없는지 찾아보면 좋겠습니다."

다양해 씨와 아이들이 마을 회관으로 내려가려 할 때였다. 땅이 파르르 떨리는가 싶더니 흙먼지가 들썩들썩 떠올랐다. 마치 지진이 나는 것처럼 흔들림이 점점 더 거세졌다.

드르르~ 쿵! 드르르~ 쿵!

거대한 기계 소리가 들려오면서 곧 정체를 드러냈다. 마을 회관 쪽에서 육중한 크기의 포클레인 한 대가 오르막길을 올라오고 있었다. 다른 포클레인과는 조금 모습이 달랐는데 마치 탱크 위에 커다란 삽이 달린 기계 같았다. 포클레인

이 지나간 자리는 갈라지거나 푹 꺼져 버렸다.

"모두 숨으셔야 합니다."

다양해 씨가 위험을 느끼고 아이들과 집 뒤로 달려가 숨었다. 다시 포클레인을 지켜보니 그 위에 새빨간 얼굴의 사람이 보였다. 침투해 씨였다.

"침투해 씨입니다. 정말 30년 전으로 왔습니다."

다양해 씨가 가장 먼저 발견했고 곧 아이들도 침투해 씨를 주목했다.

"저 기계는 뭐예요? 너무 무섭게 생겼어요."

"페트 씨가 변신한 것 같습니다."

다양해 씨는 침투해 씨를 발견하고 나서야 포클레인의 정체도 알아챘다.

"이보시오! 이게 무슨 짓이오!"

포클레인 뒤쪽에서 한 남자가 헐레벌떡 뛰어왔다. 침투해 씨는 뒤를 흘깃 봤다가 귀찮은 듯 무시했다.

"어? 이장 할아버지?"

눈썰미 좋은 바다가 먼저 알아봤다. 침투해 씨를 쫓아온 남자는 젊은 시절의 이장이었다. 지팡이도 짚지 않고 머리숱도 많았다.

"이보시오, 집을 사 놓고서 바로 부순다는 게 무슨 소리요! 왜 그러는 것이오! 저 집은 새 집이란 말이오!"

이장이 침투해 씨를 핀잔하며 소리쳤다.

"에잇! 내가 산 집을 내 맘대로 허물겠다는데 무슨 상관인 건가!"

침투해 씨가 언짢다는 듯 이장을 쏘아붙였다.

"그, 그래도 집을 부수려고 집을 구하는 사람이 어딨나. 외지에서 새로운 사람이 온다기에 흔쾌히 저 집을 내준 것인데."

"허허허! 그러게, 마을에 외지인을 함부로 들이면 쓰나! 신경 쓰지 말고 썩 돌아가시오!"

이장은 이러지도 저러지도 못하고 포클레인과 집을 돌아보다가 이내 축 처진 어깨로 뒤돌아 걸었다.

"이제 훼방꾼도 없으니 여길 싹 다 밀어 버리자고. 이 집만 사라지면 다양해 씨가 이 마을에 올 일도 없겠지. 그리고 그 꼬마들도 이곳에 발을 들일 수 없게 하겠어. 그럼 내 계획을 방해하는 일도 없지 않겠나. 허허허!"

침투해 씨가 호탕하게 웃는 소리가 집 뒤에 숨은 다양해 씨에게도 똑똑히 들렸다.

"역시 미래에 옥수수 집이 사라진 것도 여러분이 별똥리로 이사 오지 못한 것도 침투해 씨가 벌인 일이었습니다. 이걸 바로잡지 않으면 침투해 씨의 생물 다양성 파괴를 막았던 것도 없던 일이 될지 모릅니다."

아이들은 바로 알아듣고 언제라도 달려가 침투해 씨를 막겠다는 듯 눈에 불을 켰다.

"이제 어쩌죠?"

"저 포클레인을 막아야 합니다."

"다양해 씨가 침투해 씨로 변신하면 되잖아요. 제가 침투해 씨 목소리를 낼게요."

모두가 고개를 끄덕였다. 오데트는 누구의 목소리든 똑같이 흉내 냈다. 심지어 침투해 씨의 목소리까지도.

"좋습니다. 그럼 먼저 침투해 씨를 다른 곳으로 유인해야 합니다."

"그건 제가 할게요! 제가 다양해 씨를 찾는 척하면 침투해 씨가 쫓아올 거예요. 전 빠르니까 잡히지도 않을 거고요."

이번에는 바다가 나섰다. 바다의 굳은 결의를 느낀 다양해 씨가 고개를 끄덕였다.

"좋습니다. 바다 씨, 부탁드리겠습니다."

"페트 씨, 이제 다 부수게나."

침투해 씨가 포클레인을 툭 치며 말했다.

"어? 치, 침투해 씨다! 다양해 씨한테 빨리 알려야지."

막 포클레인 기계 삽이 올라간 찰나 집 뒤에서 바다가 튀어나왔다.

"저 꼬마는?"

침투해 씨는 인류 멸종 계획을 실패하고 나서 계획을 망친 범인을 찾아다녔다. 그러다 얼마 전 별똥리 네 아이에 대해 알게 되었고, 바다의 얼굴을 똑똑히 기억하고 있었다.

"다양해 씨! 침투해 씨가 왔어요! 침투해 씨가요, 음, 음."

바다는 달리기가 빠를지 몰라도 연기는 참 어색했다. 그래도 침투해 씨는 쉽게 걸려들었다.

"꼬마야! 어딜 그리 급히 가는 겐가!"

침투해 씨가 짧은 다리를 바삐 움직이며 도망치는 바다를 쫓았다. 바다는 침투해 씨가 쫓아올 정도로 거리를 유지하며 포클레인에서 점점 멀어져 갔다.

"이제 다양해 씨 차례예요!"

이번엔 집 뒤에서 파란 얼굴의 침투해 씨가 등장했다. 다양해 씨가 변신한 모습이었다.

"이 봐, 페트 씨. 계획이 변경되었네."

다양해 씨가 말은 하지 않으면서 입만 종알종알 움직였고, 뒤에서 오데트가 침투해 씨 목소리를 똑같이 흉내 내고 있었다.

"어? 침투해 씨? 아까 뒤로 가셨는데 어떻게 거기서 나오십니까?"

"뭐, 내가 워낙 빠르지 않나."

"얼굴색은 또 왜 그러십니까? 시퍼렇습니다."

"빨리 뛰어오다 보니 창백해진 거지. 뭐가 그리 궁금한 게

많나. 다른 계획이나 실행하게나!"

오데트에게 한 번 속은 적이 있는데도 페트 씨는 또 홀라당 속고 말았다.

"어떤 계획입니까?"

"집 부수는 걸 멈추고 주변 땅을 개간해서 옥수수 씨앗을 심게나."

포클레인은 다양해 씨, 아니 오데트의 명령대로 옆으로 이동해 땅을 파기 시작했다. 작고 큰 돌이 가득한 땅은 거칠어서 식물을 키우기 적당하지 않았지만 금세 포클레인이 잘 다져 놓아 쓸 만한 땅이 되고 있었다. 땅을 다 일군 뒤 페트 씨는 널따란 바퀴 모양의 씨앗 심는 기계로 변신했다. 바퀴가 땅 위를 지나칠 때마다 옥수수 씨앗이 땅속에 파묻혔다. 그다음으로 페트 씨는 땅 가운데서 페트병 모습으로 돌아왔다. 하늘로 물을 내뿜어 씨앗이 묻힌 땅 곳곳을 적셔 주었다.

"와! 옥수수 집이 탄생하는 순간이야."

페트 씨의 활약을 지켜보며 로니가 감탄했다. 아직 집 주변의 땅에서는 새싹도 돋지 않았지만 아이들 눈에는 미래에 옥수수나무가 빽빽한 풍경이 보였다.

"으악! 페트 씨! 이게 무슨 짓인가!"

페트 씨가 모든 작업을 마쳤을 때쯤 뒤에서 침투해 씨가 머리를 쥐어뜯으며 달려왔다. 그러다 자신과 똑닮은 파란 얼굴의 외계인을 마주했다.

"또, 또, 또마타카스!"

흥분한 침투해 씨가 다양해 씨의 본명을 불렀다.

"여긴 어떻게 알고 왔나!"

"침투해 씨, 당장 미래를 망치는 걸 멈추십시오!"

어느새 본래의 모습으로 돌아온 다양해 씨가 말했다. 또 당했다는 걸 깨달은 페트 씨는 순간 얼음이 되어 버렸다.

"쳇! 그래, 어디 끝까지 쫓아와 보게나. 자네에게 시간 구슬이 얼마나 있는지 모르겠지만 나에게는 시간 구슬이 많다네."

"또 어디로 가십니까?"

"이 마을이 생겼을 때로 가서 별똥리란 이름조차 찾을 수도 없게 만들 걸세. 허허허!"

침투해 씨가 손을 품에 넣었다가 앞으로 무언가를 던졌다. 그러자 펑 소리가 나더니 눈앞에 연기가 피어올랐다.

"침투해 씨… 콜록!"

다양해 씨가 연기를 들이마시고 기침을 했다. 잠시 후 연기가 사라지고 침투해 씨와 페트 씨는 흔적도 남기지 않고 사라졌다.

"다양해 씨! 침투해 씨가 없어졌어요!"

집 뒤에 숨어 있던 아이들이 나오고, 침투해 씨를 유인했던 바다도 돌아왔다.

"어떻게 됐어? 침투해 씨는?"

"작전은 성공이야. 근데 침투해 씨가 또 사라졌어."

바다의 질문에 오데트가 상황을 설명했다.

"침투해 씨는 어디로 간 거죠?"

"아마 별똥리가 처음 생겼던 때로 간 것 같습니다. 하지만 그게 언제인지 모르겠습니다."

"혹시 이장 할아버지한테 물어보면 어떨까요? 할아버지의 선조님이 이 마을을 세우신 거라고 항상 자랑하셨거든요."

바다는 이장 할아버지가 툭하면 우리 김씨 가문 덕분에 이 마을이 있는 거라며 마을 사람들 앞에서 으스대는 걸 기억해 냈다. 이장 할아버지는 다른 건 몰라도 별똥리에 대해서 모르는 게 없었다. 이 집은 언제 생겼고, 여긴 예전에 어땠고 마을 구석구석 자기 손이 안 닿은 곳이 없다며 자랑스러워했다.
"흠, 일단 단서가 없으니 아까 만난 젊은 이장님께 물어보는 게 좋겠습니다."

마을 회관이 있어야 할 자리에 건물은 없고 커다란 느티나무만 자리를 차지하고 있었다. 느티나무 아래 평상 하나가 놓여 있었는데, 이장이 앉아서 고개를 푹 숙인 게 기운이 없어 보였다.
"에후, 내가 이 마을을 어떻게 가꿨는데 외지인이 들어와서 망치고 있어."
이장이 한숨을 쉬며 혼잣말로 웅얼거렸다.
"그래 외지인은 받지 말아야지. 자손 대대 우리끼리 사는 거야. 암 그렇고말고…."
다양해 씨와 아이들은 느티나무 아래 앉아 있는 이장을 찾았다. 풀이 죽어 있는 이장은 누군가 다가오는 것을 느끼지도 못하는 듯했다.
"흥! 아주 쪼끔 불쌍해 보이네!"
미래의 앙숙인 이장을 보며 오데트가 조용히 혼잣말했다.
"저기, 이장 할, 아니 이장님?"

바다가 맨 앞에서 성큼성큼 걸어가 말을 붙였다.

"뭐, 뭐야? 넌 누구냐?"

"저는 바다라고 해요. 곧 알게 되실 테니만. 여쭤볼 게 있어요."

이장은 화들짝 놀라며 자리에서 일어섰다. 그제야 바다와 그 뒤쪽에서 서 있는 다양해 씨와 아이들이 보였다.

"아니, 어디서들 온 거야? 언제부터 거기 있었어?"

"음, 저희들은, 방금 도착했는데, 그러니까 우리나라 산골 마을을 돌아다니며 마을의 역사를 알아보고 있어요. 견학이죠, 견학. 저분은 우리 선생님이고요."

바다가 다양해 씨를 가리켰다.

"그, 그런 게 있어?"

"네. 그래서 별똥리라는 아름다운 마을이 있다는 이야기를 듣고 이렇게 왔어요."

"음, 아름다운 마을이라 어디서 들었는지 모르겠지만 정확한 소문이구나. 그럼 뭐해. 이상한 외지인이 집이나 부수는 것을."

이장의 얼굴에 뿌듯함과 아쉬움이 연이어 나타났다.

"어? 저희가 아까 와서 마을을 구경했는데요, 포클레인이 집을 부수려다 말고 그냥 가던걸요?"

"뭐? 정말이냐?"

이장의 얼굴에 안도의 빛이 감돌았다.

"네. 그나저나 별똥리에 대해 알고 싶어요. 별똥리는 언제 처음 생겼어요?"

"그건 말이지. 내 할아버지의 할아버지의 할아버지까지 거슬러 올라가야 하지. 내 조상께서 여기에 터를 잡고 우리 가족 대대로 이어서 살아왔지. 여기 보면 마을을 만드신 조상님께서 비석도 세웠고 말이야."

바다의 질문에 이장은 술술 이야기를 풀어 나갔다. 마을의 역사를 처음부터 끝까지 설명할 기세였다.

다양해 씨는 이장이 가리키는 느티나무 뒤쪽으로 이동했다. 조그마한 비석이 세워져 있었다.

"이런 곳에 비석이 있었다니 미처 몰랐습니다."

"마을 회관이 있어서 그동안 몰랐나 봐요."

바다가 이장 할아버지의 일장 연설을 듣는 동안 다양해 씨와 다른 아이들은 비석을 살펴보았다. 비석에는 한글이 적혀 있었지만 옛글이라 아이들은 해석할 수 없었다.

"별똥리는 150년 전에 처음 생겼습니다. 그때로 가야 합니다."

"좋아요! 어서 가요!"

로니가 가장 먼저 앞장섰다.

"에 또, 마을 이름을 지은 유래가 있는데 말이야…. 조상께서 처음 이곳으로 와서 하늘을 봤더니 별 하나가 쑥 지나갔다고 하는데…."

옆에서 소란스럽거나 말거나 이장의 연설은 끝날 줄을 몰랐다. 바다의 얼굴색은 점점 어두워져만 갔다.

"언니, 이제 가야 해."

오데트가 조심스레 바다의 손등을 톡 쳤다.

"아, 이장님. 이제 견학 시간이 끝나서 가야겠어요. 이야기 너무 잘 들었어요. 감사합니다."

할 이야기가 아직도 많이 남은 듯한 이장의 말을 끊고 바다가 고마움을 표현했다. 이장은 괜히 입맛만 쩝쩝 다셨다.

"저기, 다음에 또 놀러 오려무나. 혹시 부모님이 이사 간다고 하면 이 마을도 괜찮다고 이야기하고. 집은 많으니 걱정하지 말고."

이장은 헤어짐이 아쉬운지 마을에서 멀어지는 바다를 향해 외쳤다.

"네, 걱정 말아요! 꼭 그렇게 될 거니까."

바다가 밝게 웃으며 대답했다. 바다의 말에 이장은 멍한 표정으로 사라져 가는 아이들 뒷모습을 바라봤다. 그러다 갑자기 오데트의 얼굴이 보여 반갑게 인사하려 했는데 오데트는 '메롱!' 하고 혀를 내민 뒤에 바로 사라졌다.

"저, 저런 고얀…"

이장은 오데트의 행동에 얼굴을 붉히다가 이내 몸을 돌려 옥수수 집이 잘 있는지 확인하러 발길을 옮겼다.

조선 시대에 만난 선비

150년 전 별똥리가 있어야 할 산골에는 아무것도 없었다. 집도 없고 길도 나지 않았다. 아직 별똥리가 생기기 전인 게 분명했다. 산골에서 아무런 흔적도 찾지 못한 다양해 씨와 아이들은 비행선을 타고 사람들이 사는 곳으로 향했다. 하늘에서 바라본 땅 위에는 빌딩도 없고 화려한 색의 건물도 없이 초가집이나 기와집이 듬성듬성 드러났다.

"와! 조선 시대예요! 조선 시대!"

오데트와 로니가 책으로만 접했던 조선 시대의 풍경을 바라보며 신기해했다.

얼마간 날아오니 비행선 아래로 넓은 마을이 모습을 드러냈다. 여러 갈래의 길이 들어서 있고 길마다 군데군데 초가집 지붕이 보였다. 그런데 이상하게도 길을 걸어다니는 사람들은 보이지 않았다.

"어? 저쪽에 사람들이 모여 있어요."

넓은 공간에 사람들이 웅성대며 모여 있었다. 로니가 먼저 발견하고 그곳을 가리켰다.

"무슨 일인지 한번 살펴봐야겠습니다. 상자 씨, 다른 사람들 눈에 띄지 않게 내려가 주십시오."

사람들이 한곳에만 모인 점이 수상했다. 상자 씨는 파리 로봇으로 변해 조용히 내려갔다. 파리 로봇은 사람들 뒤편에서 상자의 모습으로 돌아갔는데 사람들이 한쪽 벽면을 향해서만 서 있어 아무도 알아채지 못했다. 다양해 씨와 아이들은 행여라도 들킬세라 가만가만 상자 밖으로 나왔다.

"사람들 말하는 게 들리는데 무슨 말인지 하나도 못 알아듣겠어."

"그게 무슨 말이야?"

귀가 밝은 오데트가 사람들 대화에 집중했다. 그런데 대화가 들리긴 하는데 해석이 불가능했다.

"조선 시대는 지금 우리가 쓰던 말과 엄청 다른가 봐요. 외국어처럼 들려요."

"제가 한번 들어 보겠습니다."

모든 언어에 해박한 다양해 씨가 사람들에게 다가갔다. 잠시 뒤에서 귀기울이더니 눈을 똥그랗게 떴다. 그리고 당황한 표정으로 후다닥 아이들 곁으로 돌아왔다.

"큰일입니다. 별종어입니다. 사람들이 별종어로 이야기하고 있습니다."

"별종어요?"

로니가 의문 가득 천진난만한 목소리로 되물었다.

"별종어는 저희 별종별, 아니 먼 미래의 언어입니다. 침투해 씨가 이곳에 별종어를 퍼뜨리고 언어 다양성을 파괴하려는 속셈인 것 같습니다."

"언어 다양성은 또 뭐죠?"

"세계 각지의 언어는 다 다릅니다. 지역이나 민족마다 사용하는 말이 다르다는 것입니다. 같은 말 안에서도 사투리가 있듯 언어는 다양합니다."

"근데 언어 다양성이 파괴되도 사람들이 살아가는 데 문제가 생기나요?"

이번에는 바다가 진지하게 질문을 던졌다.

"그렇습니다. 언어에는 그 언어를 사용하는 집단의 생활과 문화가 반영됩니다. 그러니 언어 다양성이 파괴되면 문화 다양성도 위태로울 수밖에 없습니다. 또 사람들은 자신이 사용하는 언어로 생각을 하고, 언어에는 그 말을 쓰는 사람들의 지식과 지혜가 들어 있습니다. 그런데 만약 수많은 언어가 사라지고 지구인 모두가 하나의 언어만 사용한다면 어떻겠습니까? 사람들 생각은 획일화되고, 미래에 발전할 과학과 기술도 무너질지 모릅니다."

바다는 사람들이 꼭두각시처럼 돌아다니는 미래를 상상하곤 온몸에 소름이 돋았는지 부르르 떨었다.

"저기 근데 사람들이 보는 건 뭐죠? 벽에 뭐가 쓰여 있나 봐요."

오데트가 사람들에게서 시선을 떼지 않고 사람들이 바라보는 벽을 뚫어져라 봤다. 다양해 씨가 큰 키를 이용해 벽면을 보니 벽에 종이가 붙어 있었다.

"방문 같습니다. 조선 시대에 사람들에게 소식을 알릴 때 쓰인 글입니다. 제가 한번 보고 오겠습니다. 일단 여러분은 이걸 차십시오."

다양해 씨가 아이들에게 통역기를 건넸다. 아이들은 이미 사용한 적 있는 통역기를 자연스레 착용했다. 이제 별종어도 알아들을 수 있게 되었다.

아이들이 통역기를 다는 사이 다양해 씨는 갓을 쓰고 두루마기를 걸쳐 조선 시대 선비의 모습으로 변해 있었다. 곧 사람들 사이를 비집고 들어가 담벼락 앞까지 갔다. 담벼락에는 흰 종이에다가 별종어로 쓰인 방문이 붙어 있었다. 방문을 읽자마자 다양해 씨는 또 서둘러 아이들 곁으로 돌아왔다.

"뭐라고 써 있어요?"

"어명입니다. 별종어를 쓰지 않고 조선말을 쓰는 사람은 옥에 가둔다는 내용입니다. 조심해야, 이크!"

누군가 쪼그리고 앉아 있는 다양해 씨의 등 뒤를 치고 지나가는 바람에 다양해 씨가 벌러덩 넘어졌다.

"아, 미안하게 됐습니다."

한 선비가 지나치다가 넘어진 다양해 씨를 보고 고개를 끄덕였다. 그러곤 다시 제 갈 길을 바삐 갔다.

"어?"

"어어?"

그 선비의 얼굴을 보고 오데트와 로니가 동시에 외마디 소리를 냈다.

"이장 할아, 아니 이장님이야!"

"나도 봤어. 이장님도 시간의 문으로 들어왔나 봐."

"그럴 리가 없습니다."

둘의 말에 다양해 씨와 바다, 토미가 사라져 가는 선비의 뒷모습을 바라봤다. 뭐가 그리 급한지 한 손에는 보따리를 들고 사람들과 부딪쳐 가며 빠르게 움직이고 있었다.

"아이코!"

이번에는 창을 든 관졸 두 명이 어깨를 쳐서 다양해 씨가 또다시 벌러덩 자빠졌다.

"비키시오! 비키시오! 저놈 잡아라!"

관졸들이 별종어로 외치면서 방금 지나간 선비를 쫓았다. 선비는 관졸들을 피해 도망치는 듯했다.

"이장님이 위험해요! 우리도 따라가요!"

바다가 먼저 튀어 나갔다. 곧이어 오데트와 로니가 뒤따르고, 토미가 다양해 씨를 일으켜 세우고 달렸다.

와다닥! 와다닥!

관졸들이 뛰어다니는 발소리가 들렸다.

"어디 갔지?"

"저쪽으로 가 보세!"

한 관졸이 앞으로 손을 내밀며 달려갔다. 그 뒤에 왼쪽 뺨에 왕점이 난 관졸이 이상한 낌새를 느낀 것처럼 뒤를 한번 돌아봤다가 후다닥 뛰며 사라져 갔다.

한참 동안 관졸들을 쫓아온 곳은 저잣거리였다. 가게들이 길 양쪽으로 죽 늘어서 있는데, 사람들은 보이지 않았다. 다양해 씨와 아이들은 여러 물건이 쌓인 곳 뒤에 숨어서 지켜보고 있었다. 관졸들의 발소리가 사라지고 나서야 밖으로 몸을 드러냈다.

"이장님을 놓쳤나 봐요. 우리가 먼저 찾아야 해요."

바다가 주변을 두리번거리며 말했다. 그러자 다양해 씨가 상자 씨에게 눈빛을 보냈다. 상자 씨가 덮개를 열었다 닫았다 하며 덜거덕 움직이다가 순식간에 잘생긴 강아지 로봇으로 변했다. 강아지가 다양해 씨 등 뒤로 가서 냄새를 맡더니 바닥에 코를 대고 킁킁거리기 시작했다.

"으아! 귀여워!"

로니가 강아지 등을 매만졌다. 그래도 강아지는 무덤덤하게 목표만을 찾았다.

　잠시 후 강아지가 왈왈 하고 짖고서 쪼르르 어딘가로 향했다. 강아지를 쫓아간 곳에는 큰 항아리가 여러 개 놓여 있었다. 그중 가운데 항아리 앞에서 강아지가 또 한번 왈왈 짖었다. 다양해 씨가 긴 팔을 내밀어 항아리 뚜껑을 열었다. 그 안에 아까 도망친 선비가 숨어 있었다.

　"자, 이제 나오셔도 괜찮습니다. 관졸은 다 사라졌습니다."

　"누, 누구십니까?"

　눈을 크게 치켜뜨며 놀란 선비가 항아리 안에서 일어섰다. 주변을 휘 둘러보니 관졸은 없고 웬 아이들이 초롱초롱한 눈으로 자신을 바라보고 있었다.

　"이장님, 이장님 맞죠?"

　"이장이 누구요?"

　로니의 질문에 항아리에서 나오던 선비가 되물었다.

　"와! 정말 똑같이 생겼는데…."

　로니가 말도 안 된다는 듯 입을 틀어막았다. 바다와 토미는 서로 눈빛을 주고받았는데 선비가 누군지 눈치챈 듯했다.

　"아차! 별종어를 써야 하는데…. 한데 여러분은 어찌 우리말을 쓰고 있는 거요?"

아이들이 우리말을 하자 저도 모르게 우리말로 대답하던 선비가 이상한 점을 깨달은 모양이었다.

"우리는 별종어를 모르는걸요!"

"참 신비한 분들이로군요. 요즘처럼 위험한 세상에 우리말을 쓰다니…."

"근데 왜 도망치신 거예요?"

"저는 김방언이라고 하오. 세상이 변해도 너무 변했소. 선조들부터 써 오던 우리말을 두고 갑자기 해괴한 말을 사용하라는 게 말이 되오? 새빨간 얼굴의 사내가 나타나고서 문제가 생겼소. 그자가 나타난 이후 우리말을 금하고 우리말로 쓰인 서적도 전부 불태워 버렸다오. 임금을 홀린 게 틀림없소. 그래서…."

술술 이야기를 풀던 김방언이 갑자기 입을 닫고 눈치를 살폈다.

"저희는 믿으셔도 괜찮습니다."

다양해 씨가 정체를 의심하는 듯한 김방언에게 안심하라는 표현을 했다.

"흠, 여러분은 여기 사람들과는 좀 다른 거 같으니…. 그럼 저 좀 도와주시오. 사실 제가 우리말 서적을 몰래 빼돌렸습니다. 그런데 그걸 들키는 바람에 관졸들에게 쫓기고 있던 거지요."

김방언은 갖고 있던 보따리를 펼쳐 보였다. 보따리 안에는 한글로 쓰인 책이 여럿 있었다.

"이 책들이 보존된다면 어쩌면 우리말이 사라지지 않고 미래에도 쓰일지 모릅니다. 저희가 무엇을 도와드리면 되겠습니까?"

다양해 씨가 아이들에게 책의 중요성을 설명하고 김방언을 보며 물었다.

"관졸들을 피해 숨을 곳이 필요하오. 마땅한 곳이 있다면 이곳 사람들 눈에서 벗어나 살면서 내 우리말을 후대까지 전해 주리다."

김방언의 이야기를 듣고 다양해 씨와 아이들이 골똘히 생각에 잠겼다. 숨을 장소를 생각하니 바로 떠오르는 곳이 있었지만 아무도 쉽사리 말을 꺼내지는 못했다.

"벼, 별, 별똥리…."

마침내 토미가 먼저 말을 꺼냈다. 다른 아이들은 한꺼번에 눈을 마주쳤다.

"역시 거기밖에 없지."

"거기라면 아무도 모를 거야."

오데트와 로니가 고개를 여러 번 끄덕거리며 말했다. 바다가 김방언에게 산골 마을에 대해서 설명했다. 조금 멀지만 아무도 살지 않는 곳이고, 거기서 살면 절대 들킬 리가 없다고 했다.

"고맙소. 고맙소. 내 찾아가 보리다. 어디로 가면 되겠소?"

"잠시만 기다리시겠습니까?"

다양해 씨가 옆에 있던 강아지에게 조용히 한마디했다. 강아지는 잠시 심통 난 것처럼 눈을 가늘게 뜨고 고개를 획 돌렸지만 곧 한숨을 쉬고서 저잣거리를 달리기 시작했다. 그러다 강아지는 저잣거리를 빙 한 바퀴 돌고 나서 날쌔 보이는 말 로봇으로 변신해서 나타났다. 로니가 속으로 우아 하고 감탄했다.

"이 말을 타고 가시겠습니까? 그곳에 데려다 줄 것입니다."

"이런 명마를 저에게 빌려 주셔도 되겠소? 정말 고맙소. 내 이 은혜는 잊지 않으리다."

명마라는 말에 상자 씨 얼굴은 새침해 보였지만 으쓱해하는 게 느껴졌다.

"그곳에 터를 잡고 있을 테니 언제 한번 꼭 들려 주시오!"

히힝~ 히히힝!

김방언이 다양해 씨와 아이들에게 인사하자마자 상자 씨가 말 울음소리를 내며 달려 나갔다. 세상에서 가장 빠른 말이 된 것처럼 금세 시야에서 사라졌다.

"다행입니다. 관졸들은 별똥리를 모르니 찾아가지 않을 겁니다."

다양해 씨가 안심한 듯 한숨을 푹 쉬었다.

"근데 저 아저씨는 정말 이장님하고 꼭 닮지 않았어?"

아직도 영문을 모르겠다는 로니가 물었다.

"아마 이장님의 조상일 거야."

"우리가 이장 할아버지 조상님을 만나다니…. 킥킥!"

바다의 설명에 그제야 깨달은 로니는 또다시 입을 틀어막고, 오데트는 즐거워했다.

"이제 어디로 가면 될까요?"

"침투해 씨가 있을 법한…. 어!"

"이놈들 여기 숨어 있었구나!"

누군가 갑자기 다양해 씨의 뒷덜미를 낚아채 넘어뜨렸다. 아까 지나쳤던 왕점 관졸이었다.

"너희들은 누군데 우릴 쫓아왔던 것이냐! 이상한 낌새가 있어 돌아오길 잘했군!"

"다양해 씨를 놔 줘요!"

로니가 다양해 씨의 옷깃을 잡으며 외쳤다. 다양해 씨는 그런 로니에게 멈추라는 듯 손바닥을 펼쳐 내밀었다. 관졸이 별종어로 이야기하는 데 반해 로니는 우리말로 말했기 때문이다.

"아니, 이놈이 조선말을 쓰다니…. 모두 잡아들여야겠다."

어느새 왕점 관졸 옆으로 서너 명의 관졸이 더 등장했다. 관졸들이 주변을 에워싸더니 하나둘 아이들을 붙잡았다. 로니는 엉엉 울고, 오데트는 무서워서 딸꾹거렸다. 바다와 토미도 겁이 났지만 겁먹은 마음을 겉으로 나타내지 않았다. 다양해 씨와 아이들은 곧 관아로 끌려갔다.

정말 엄청나군요. 별종별인은 모두 별종어만 사용하는지라 그렇게 많은 언어 속에서 사는 게 어떤 느낌인지 상상도 안 돼요. 언어마다 어떤 차이가 있나요?

지구인이 사용하는 언어는 지역과 문화에 따라 비슷한 점도 있지만 큰 차이도 있습니다. 아마존 열대 우림에 사는 피라항족이 사용하는 언어에는 '미래, 걱정'이란 단어가 없습니다. 그들은 미래를 대비해서 지금 무엇을 해야 한다는 생각이 없습니다. 언제나 지금 현재만을 중요하게 생각합니다. 그러니 걱정이란 말도 필요없는 것입니다. 이런 피라항족은 누구보다도 행복하고 웃음이 끊이질 않는다고 합니다.

다른 소수 부족이 사용하는 언어를 보더라도 숫자나 색깔을 표현하는 단어가 없다든지 돈이나 소유 개념이 없기도 합니다. 이들의 생각이나 행동이 언어에 반영된 것처럼, 반대로 언어가 생각과 행동에 큰 영향을 끼치는 것이죠. 즉 언어가 다양한 만큼 지구인들의 생각과 문화도 다양하다고 할 수 있습니다.

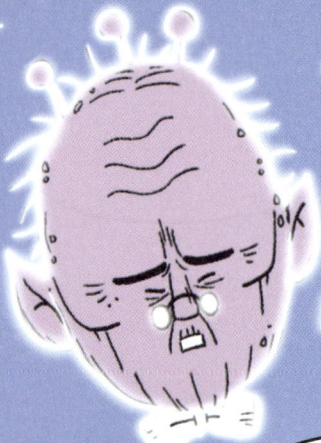

신기하군요.
지구라는 하나의 별에 살면서도
다른 언어를 사용하다니요.
그럼 언어 다양성이
중요한 이유는 뭔가요?

언어는
지역과 문화에 따라서도 다르지만
시대가 바뀌면서도 다르게 변해 왔습니다.
이건 지구인에게 있어
아주 자연스러운 변화입니다.

지구인은 자기가 사용하는 언어로
생각하고 말을 합니다. 그뿐 아니라 자기 생각을
문자로 써서 남기기도 합니다. 이렇게 시간이 흐르면서
같은 언어를 사용하는 집단의 지식과 지혜가
전해져 오는 것입니다.

만약 하나의 언어가 사라진다면
그 언어가 갖고 있는 역사와 문화,
그리고 지혜도 사라질지 모릅니다.

우리말을 지켜라!

다양해 씨와 아이들이 갇힌 옥은 두툼한 나무 창살이 박혀 있어 빠져 나갈 구멍이 전혀 보이지 않았다. 옥 바깥에는 왕점 관졸과 다른 관졸 둘이서 지키고 있었다. 로니는 끌려오는 내내 울다가 이제야 조금 진정했다.

"모두 괜찮으십니까? 죄송합니다! 제가 빨리 대피시켰어야 했는데…"

"아니에요. 다양해 씨, 잘못이 아니잖아요. 여기서 변신해서 빠져나가면 되잖아요."

"좋은 생각입니다만, 앞에서 지키고 있는 자들이 있어 들키지 않고 변신하기가 어렵습니다."

별종별의 미래공존위원회에서는 지구에 사는 다양해 씨에게 몇 가지 규칙을 정해 주었다. 그중 핵심적인 내용이 '외계인이라는 정체나 변신하는 모습을 지구인에게 들키지 말 것'이었다. 이미 아이들에게 변신하는 모습을 걸리고 말았지만, 다른 사람에게마저 발각될 수는 없었다.

다양해 씨와 아이들은 머리를 맞대고 옥에서 빠져나갈 궁리를 했다. 상자 씨가 있었다면 쓸 만한 물건을 많이 찾을 수 있었을 텐데, 갑자기 상자 씨가 그리웠다. 각자 주머니에 뭐가 있는지 살폈다. 오데트가 시간 구슬을 꺼냈지만 그걸 지금 쓸 수는 없었다. 다양해 씨나 바다, 토미는 별다를 게 없었다. 로니는 주머니를 만져 보다가 물컹한 게 느껴졌다. 옥수수 집에서 모험을 떠나기 전 챙겼던 망고였다. 오데트가 그걸 왜 챙겼냐며 한심하다는 듯 쳐다봤다.

"윽! 곰팡이가 폈어. 먹지도 못했는데…."

로니의 말대로 망고의 노란 껍질 한쪽이 시커멓게 변해 있었다.

"시간의 문을 통과하면서 상한 것 같습니다."

아이들과 달리 망고는 시간의 흐름을 견뎌 내지 못한 듯했다.

"이, 이걸, 이, 용, 하, 하면 어떨, 까요?"

토미가 조용히 아이디어를 냈다. 다양해 씨와 아이들 모두 토미의 의견에 동의하며 고개를 끄덕였다. 그때 자박자박 누가 걸어오는 소리가 들렸다. 오데트와 로니는 얼른 시간 구슬과 상한 망고를 주머니에 숨겼다.

"아이고, 이게 누구신가!"

나무 창살 틈으로 관복을 입은 침투해 씨가 나타났다. 보초를 서던 관졸이 깍듯이 인사하는 걸 보니 높은 지위에 오른 듯했다.

"치, 침투해 씨!"

"허허허! 꼴좋게 됐네그려."

침투해 씨가 옥 안에 갇힌 다양해 씨를 보며 껄껄 웃었다.

"여기서 대체 무슨 일을 꾸미고 계십니까?"

"별거 없다네. 임금에게 진실을 알려 줬을 뿐이라네. 임금을 흉보는 한글 책을 갖다 주고 저잣거리에서는 광대들이 임금을 우스꽝스럽게 연기한다고 일렀다네. 그랬더니 나에게 관직을 주고 조선말 사용을 금하는 게 아닌가. 내 조선말 대신 사용할 별종어도 미리 퍼뜨려 두었고 말일세."

"왜 그런 일까지 벌이십니까? 언어 다양성이 파괴되면 미래 인류에게 무슨 일이 생길지 모릅니다."

"그게 내가 노리고 있는 거라네. 언어가 사라지고 나면 과거로부터 쌓아 왔던 지구인의 지혜도 함께 사라지겠지. 이제 종교 다양성도 파괴하고 문화의 핵심적인 부분들을 다 망가뜨릴 거라네. 지구인들이 문화의 차이를 이해하지 못하면 어떻겠나? 할 줄 아는 건 싸움과 복종뿐이겠지. 우리 우주정복위원회에서 지구를 통치하기 쉽게 변하는 걸세."

"그런 황당한 계획 저희가 가만두지 않을 거예요!"

뒤에서 듣다가 참지 못한 바다가 나섰다.

"흥! 꼬마들이라고 놔뒀더니 너희 때문에 내가 1년간 얼마나 고생했는지…. 지금도 내 계획을 망치려는 자들이 있지. 김방언 그 작자, 감히 조선말을 후대에 남기려 해? 하지만 내 그자에 대해 좀 알아봤지. 별똥리 이장의 선조더군. 그럼 지금 어디로 도망갔는지는 뻔한 거 아니겠나? 내가 직접 해치우고 말 거라네. 허허허!"

침투해 씨는 자신보다도 키가 큰 아이들을 보며 꼬마라고 불렀다. 하지만 그 말보다 김방언을 찾아간다는 말에 모두가 깜짝 놀랐다.

"여기 잘 지키게나. 특히 저 파란 얼굴 녀석이 이상한 짓을 할 수도 있으니 계속 감시하게나."

"네, 나리."

침투해 씨가 왕점 관졸에게 말하고는 총총 걸어가며 사라졌다.

"어쩌죠? 침투해 씨가 그 아저씨를 해치려 해요."

"저희도 빨리 작전을 시작해야겠습니다."

다양해 씨와 아이들은 옥 밖에 서 있는 관졸들을 살피며 기회를 엿봤다.

냠냠~ 쩝쩝~

옥 밖에서 한 관졸은 선 채로 꾸벅꾸벅 졸고 왕점 관졸만 멍하니 서 있었는데, 옥 안에서 무언가 먹는 소리가 울렸다. 왕점 관졸이 이상한 소리에 정신을 차리고 뒤돌아보았다. 다양해 씨와 아이들이 수상쩍게 둘러앉아 뭔가를 먹는 것처럼 보였다.

"어이, 이 봐. 지금 뭘 먹는 거야? 썩 갖고 오지 못할까!"

다양해 씨와 아이들은 흠칫 놀란 척을 했다. 로니가 일어서서 쭈뼛거리며 관졸에게 다가갔다. 그리고 감추고 있던 걸 내밀었다. 썩은 자국만 교묘하게 살짝 벗겨 낸 망고였다.

"이게 저희 마을에 자라는 과일인데요, 너무 달고 맛있어서 그만 못 참았어요…."

"흠, 처음 보는 과일이구먼. 어서 이리 내놓아라!"

관졸은 망고를 빼앗고는 다시 보초를 섰다. 그런데 로니의 달고 맛있다는 말이 자꾸 머릿속에 맴돌았다. 괜히 옆에서 졸고 있는 다른 관졸과 망고를 한 번씩 돌아보며 눈치를 살폈다. 결국 못 참고 망고를 한 입 베어 물었다.

"이거 정말 달구나."

관졸은 조용히 혼잣말을 내뱉었다. 그리고 남은 것도 우걱우걱 입 안에 넣었다.

뒤에서는 아이들이 주의 깊게 지켜보고 있었다. 관졸이 썩은 망고를 다 먹어 치우는 걸 보고서는 얼굴을 마주 보며 씩 웃었다.

꾸르륵 꾸르륵~

잠시 뒤 망고를 먹은 관졸의 배 속에서 요동치는 소리가 아이들 귓가에도 전해졌다.

"어억! 자, 잠깐 뒷간 좀 다녀오겠네."

왕점 관졸이 배를 움켜잡으며 볼일을 해결하러 뒤뚱뒤뚱

걸어갔다. 자세는 우스꽝스러웠지만 걸음걸이는 빨랐다.

"뭐야, 저 친구 어딜 저리 급히 가나."

고개를 숙이고 졸던 관졸이 이상한 낌새를 느끼고 게슴츠레 눈을 뜨며 중얼거렸다. 그러다 잠을 깨려는 듯 입을 쩍 벌려 하품을 하면서 옥 안을 들여다봤다.

"으악!"

옥 안을 살핀 관졸이 화들짝 놀라며 뒤로 넘어졌다. 옥 안에 방금 떠나갔던 왕점 관졸이 있었던 것이다. 다만 옥 안의 관졸은 얼굴이 파랬다.

"이보게, 나를 어서 꺼내 주시게."

파란 얼굴의 관졸 뒤로 오데트가 성대모사를 했다.

"아니, 자네 방금 저쪽으로 가지 않았나? 근데 어쩌다 옥 안에 있는 겐가?"

"무슨 소린가? 자네가 잠드는 바람에 옥 안에 소란이 있어 혼자 해결하려다 갇힌 게 아닌가?"

"그, 그게 무슨…."

"잔말 말고 어서 꺼내 주시게."

옥 밖에 있던 관졸은 너무 황당했지만 옥 안의 동료가 자꾸 재촉하는 통에 별 생각 없이 열쇠 꾸러미를 끄집어냈다.

"어서! 어서!"

"잠깐만 기다려 보게."

열쇠 꾸러미에서 옥문 열쇠를 찾은 관졸이 문을 열었다. 파란 얼굴의 관졸이 옥 밖으로 나오며 아이들에게 눈빛을 보냈다.

"미안합니다."

갑자기 파란 얼굴의 관졸이 아까와는 다른 목소리를 내며 문을 열어 준 관졸을 옥 안으로 밀어 넣었다. 그 틈에 아이들은 재빨리 옥 밖으로 뛰쳐나가고 다양해 씨가 옥문을 잠갔다.

"어이쿠! 이 사람아, 이게 무슨 짓인가!"

"미안합니다. 잠시만 거기 계시면 금세 나오실 수 있을 겁니다."

다양해 씨가 관졸의 얼굴로 말했다.

"자네 목소리가…."

비로소 뭔가 잘못됐다는 걸 깨달은 사이 다양해 씨와 아이들은 자취를 감추고 보이지 않았다.

다양해 씨와 아이들은 사람들 눈이 닿지 않는 건물 뒤 숲으로 피신해서 잠시 한숨을 돌렸다.

"킥킥! 성공했어!"

"로니 연기가 좋았어!"

바다의 칭찬에 로니가 부끄러운 듯 멋쩍게 웃었다.

"자 이제 김방언 씨를 구해야 합니다."

"근데 상자 씨도 없는데 어떻게 따라잡죠?"

오데트가 의문을 제기하자 다양해 씨가 휙휙 주변을 둘러보고 나서 몸을 꿈틀대기 시작했다. 다양해 씨의 목이 마구 길어지더니 부리가 생겨나고 긴 팔은 거대한 날개로 변했다. 곧 아이들 눈앞에 거대한 두루미가 모습을 드러냈다.

"와! 두루미, 두루미다!"

"빨리 타십시오!"

온통 파란 두루미가 목을 뒤로 젖히면서 아이들에게 말했다.

"우아! 최고야!"

"너무너무 신나!"

오데트와 로니는 방금 전까지 옥에 갇혔던 기억은 벌써 잊었는지 마냥 즐거워하며 몸을 낮춘 두루미 위로 올라탔다. 그에 반해 바다와 토미는 조금 겁이 나는지 침을 꿀꺽 삼키며 긴장된 표정으로 올랐다.

두루미가 몸을 일으켜 세우더니 기다란 날개를 쫙 펼쳤다. 그리고 아이들이 떨어지지 않게 몸을 살짝 기울인 채로 서서히 떠올랐다.

"꽉 붙잡으셔야 합니다."

아이들 모두 두루미 몸통에 난 털을 꽉 붙잡았다. 거대한 두루미는 긴 날개를 푸드덕거리며 산골을 향해 날았다.

때마침 뒷간에서 볼일을 마치고 나오던 왕점 관졸에게 하늘에서 외치는 아이들의 함성이 들렸다. 관졸은 소리가 나는 방향으로 올려다봤다.

"저게 무슨…."

처음 보는 비행 물체가 쏜살같이 날아가는 장면이 관졸의 눈에 들어왔다.

"여긴가 보구나."

김방언은 산골짜기에 도착해 말에서 내렸다. 깊은 산속에 있는 산골짜기는 개울이 흐르고 무성한 나무와 풀로 둘러싸여 있었다. 사람들이 살던 곳과는 달리 외져서 아무나 찾아올 수 없을 듯했다.

"그래, 여기라면 숨어 있기에 딱 좋겠구나."

김방언은 옆에 있는 말을 쓰다듬으며 혼잣말을 했다. 상자 씨는 정말 말이라도 된 것처럼 힝힝대며 콧바람을 뿜었다.

김방언이 산골짜기를 둘러보는 사이 뒤쪽에서 어두운 그림자가 드리우고 있었다. 커다랗고 새빨간 늑대 한 마리가 바위 위에서 언제라도 김방언을 덮칠 듯이 자세를 낮추고 매섭게 노려봤다. 침투해 씨였다.

다양해 씨가 변한 두루미는 무서운 속도로 산골짜기까지 날아왔다. 그리고 공중에서 서서히 내려가며 김방언을 찾았다.

"저기, 저기 있어요!"

바다가 먼저 김방언을 발견하고 손가락으로 가리켰다.

"어? 근데 뒤, 뒤에 늑대야!"

이번엔 로니가 김방언 뒤에 숨어 있는 늑대를 찾아냈다.

"빨리 구해야 해요!"

두루미가 재빨리 늑대와 김방언이 있는 곳을 향해 날았다. 하지만 김방언을 구하기에는 시간이 모자랄 것 같았다.

빨간 늑대는 슬슬 몸을 일으켜 세웠다. 그리고 나서 앞발을 내디디며 김방언을 향해 뛰어내렸다. 날카로운 이빨을 다 드러내며 순식간에 물어뜯을 기세였다.

　그때 짐승 울음소리가 들리며 김방언 앞으로 호랑이 한 마리가 나타나 빨간 늑대를 가로막았다. 갑작스런 호랑이와 늑대의 등장에 김방언과 상자 씨는 온몸이 마비된 듯 그대로 얼어 버렸다. 김방언을 덮치려던 늑대도 실섭하며 뒤로 물러섰다. 호랑이는 입을 더 크게 벌리고 울부짖으며 늑대를 위협했다. 늑대는 겁에 질려 으악 하는 소리를 내더니 뒤꽁무니를 빼는데 몸속에서 무언가 툭 하고 떨어졌다.

　그사이 다양해 씨와 아이들은 하늘에서 내려왔지만 섣불리 김방언에게 다가가지 못했다. 호랑이를 자극하지 않기 위해서였다. 늑대를 내쫓은 호랑이는 고개를 돌려 김방언을 가만히 보다가 숲속으로 뛰어들며 사라졌다.

　"으아앙! 안 다쳐서 다행이에요!"

　로니가 눈물을 쏟으며 김방언에게 달려가 안겼다. 뒤에서 오데트는 새초롬한 얼굴로 팔짱을 끼며 흥 하고 콧소리를 냈다.

　"진짜 호랑이였어요."

　"네, 맞습니다. 늑대가 자신의 서식지를 침범한 줄 알고 내

쫓은 듯합니다."

바다와 다양해 씨가 방금 전 놀라운 광경에 대해 이야기를 나눴다.

"참으로 기이한 일이로구나."

김방언도 로니를 안은 채 놀란 가슴을 쓸어내렸다.

"아니 근데 여긴 어찌 쫓아오셨습니까?"

정신을 차린 김방언이 다양해 씨를 쳐다봤다.

"그, 그게…. 혹시라도 길을 잃지는 않았을까 하고 왔습니다만…."

"그리 저를 생각해 주시니 너무 감사할 따름입니다."

다양해 씨가 전혀 상황을 파악하지 못하고 있는 김방언에게 이런저런 핑계를 늘어놓고 있을 때 오데트가 바닥에 떨어진 신기한 물건을 찾았다.

"다양해 씨, 이거…."

오데트가 침투해 씨가 떨어뜨린 물건을 양손으로 받쳐 다양해 씨에게 보여 주었다. 커다란 짐승의 뿔이었다.

"이건…. 어디서 찾으셨습니까?"

"아까 늑대가 도망치면서 떨어뜨린 거예요."

다양해 씨가 중요한 단서임을 깨닫고 소중하게 건네받았

다. 그리고 뿔을 들고서 아직도 말의 모습을 하고 있는 상자 씨 옆으로 가서 뭐라고 속삭였다. 상자 씨가 입을 벌리고 다양해 씨는 그 안으로 뿔을 넣었다. 잠시 후 뿔을 삼켰던 상자 씨가 다양해 씨 귀에다 입을 대고 속삭였다. 동물의 뿔을 먹는 말의 모습과 말이랑 대화하는 듯한 사람을 보며 김방언은 '기이한 일이로고' 하고 되뇌었다.

"상자 씨 분석에 따르면, 저 뿔은 10년 전 아메리카 들소, 버팔로의 뿔입니다. 침투해 씨가 10년 전 미국에서 무슨 일을 벌이고 있는 게 틀림없습니다. 바로 가야겠습니다."

다양해 씨가 김방언에게는 들리지 않게 작은 목소리로 아이들에게 설명했다.

"저희는 그럼 급한 일이 있어 이만 가 보겠습니다."

"이장님, 아니 아저씨, 잘 지내요. 나중에 또 봬요."

로니가 환한 미소를 지으며 손을 흔들었다. 다양해 씨와 다른 아이들도 꾸벅 인사했다.

"너무 고맙소. 당신들 덕분에 내 숨을 곳이 생겼구려. 이 산골은 집을 짓고 살기에도 아주 좋아 보이오. 뒤로는 산이 있고 앞으로는 개울이 있으니…"

김방언이 인사말을 전하며 몸을 돌려 산골의 풍경을 쳐

다봤는데, 다시 다양해 씨와 아이들을 향해 섰을 때는 이미 아무도 보이지 않았다.

"참으로 신출귀몰한 자들이로고."

위급한 상황에서 귀인을 만났다가 늑대와 호랑이가 나타나고 또 어느새 모두 사라져 버리고 혼자 남은 자신을 보며 김방언은 귀신에 홀린 것은 아닐까 착각하기도 했다. 잠시 멍하니 하늘을 바라보는데 알 수 없는 물체가 쌩하고 날아가는 게 보였다. 아직 해가 다 떨어지지도 않았는데 마치 별똥이 지나가는 듯했다.

"어허! 기이한 날이로고. 그래 하늘에서도 나에게 이곳에 정착하라고 하는구나. 우선 이 마을의 이름을 지어야겠다. 별똥리, 별똥리가 괜찮겠구나."

김방언은 새로운 마을의 이름을 정하고 앞으로 살아갈 산골을 다시 한번 쭉 훑어보았다.

미국 대평원의 원주민

상자 씨가 변신한 비행선이 1800년대 미국의 대평원 위를 날았다. 아이들은 비행선 아래를 내려다봤다. 건물도 사람도 없이 푸르른 풀이 돋아난 들판이 끝없이 펼쳐져 있었다.

"다양해 씨, 침투해 씨는 왜 아메리카 들소의 뿔을 가지고 있었을까요?"

"모르겠습니다. 지금 이 시기는 아메리카 들소가 유럽에서 온 백인들에게 무참히 사냥당하던 때입니다. 수천 만 마리에 달했던 들소가 100년 사이 수천 마리로 줄어들었습니다. 혹시 들소가 있는 곳에 무슨 일이 있는지 한번 살펴봐야겠습니다."

"가여운 들소들…."

로니가 들소를 생각하며 눈물을 글썽였다.

얼마간 하늘을 날다가 들소 한 무리가 눈에 띄었다. 비행선은 풀을 뜯고 있는 들소에게 방해가 되지 않게 조용히 내려앉았다. 상자 씨 밖으로 나온 아이들은 들소들을 잠자코 바라보았다.

"덩치는 산만 한데 귀여워."

오데트가 겁도 없이 들소 한 마리를 향해 나아갔다. 그리고 손을 내밀어 들소의 옆구리를 쓰다듬었다. 오데트보다도 몇 배나 몸집이 큰 들소는 오데트의 손길이 느껴지지도 않는지 아무런 반응도 없이 풀만 뜯어 먹었다.

"어? 뭔가 와요."

오데트가 무언가 다가오는 소리를 들었다. 멀리서부터 동물 떼가 달려오는 듯했다. 소리가 나는 방향의 언덕배기 위로 먼지가 피어올랐다. 다양해 씨와 다른 아이들도 언덕을 향해 시선을 옮겼다. 곧 언덕 위로 수십 마리의 말이 모습을 드러냈다. 말 위에는 사람들이 타고 있었다.

말이 달리는 소리에 놀란 들소들은 무리를 지어 반대 방향으로 달아났다. 대신 말들이 그 자리를 차지하며 다양해 씨와 아이들 곁으로 다가오더니 주변을 에워싸며 빙빙 돌았다.

"어? 저, 저, 사람, 들?"

토미가 눈을 땡그랗게 떴다. 말 위에 탄 사람들은 머리에 깃털 장식을 달고 동물 가죽으로 만든 옷을 입고 있었다. 북아메리카 원주민이었다.

"이방인들이여, 족장께서 찾으십니다."

빙그르르 돌다가 멈춰 서며 한 원주민이 다양해 씨와 아이들이 여기 있을 것을 미리 알았다는 듯이 말했다.

다양해 씨와 아이들은 각자 다른 원주민 뒤에 탄 채로 마을로 들어섰다. 오데트와 로니는 언제나 그렇듯 매우 신나 보였고, 토미는 왠지 모를 감정에 빠져서 알 수 없는 표정을 지었다. 마을이라고는 하지만 동물 가죽을 덮어 만든 천막만 여럿 있었다. 천막은 언제라도 이동할 수 있도록 임시로 만든 집 같았다.

"티피입니다. 대평원에 살던 원주민들이 살던 이동식 집이라고 할 수 있습니다."

말에서 내리던 다양해 씨가 아이들에게 설명했다.

낯선 이들의 등장에 티피 안에 있던 원주민들이 너 나 할 것 없이 우르르 몰려나왔다. 그리고 들판에서 말들이 둘러쌌던 것처럼 이번에는 마을 원주민들이 둥글게 모여들었다. 원주민들은 특히 다양해 씨를 경계하듯 의심스러운 눈초리로 쳐다봤다.

"오셨군요."

무리 사이로 나이 많은 원주민이 나타나자 다른 원주민들이 양옆으로 비켜섰다. 나이 많은 원주민은 눈에 띄게 예쁘고 큰 깃털 장식을 달고 있었다.

"반갑습니다. 저는 부족의 족장 '웅크린 사슴'입니다."

아이들이 족장의 이름을 듣고 의아해하자 다양해 씨가 과거의 원주민들은 주변의 자연과 동물을 통해 이름을 지었다고 알려 주었다. 로니는 너무 멋진 이름이라며 엄지손가락을 불끈 들어 보였다.

"어젯밤 예언을 들었습니다. 오늘 귀인이 평원에 나타나 우리 부족을 구원해 줄 것이라고요. 그의 이름은 '파란 소'라고 했습니다."

"저희는 그런 사람이 아닙니다. 아무래도 잘못 찾으신 것 같습니다."

족장은 귀인이라는 말을 하며 다양해 씨와 아이들을 가리키자 다양해 씨가 손사래를 쳤다.

"그럴 리가요. 예언은 틀림없습니다."

"미안합니다. 우리는 급한 일이 있어 도움을 주지 못할 것 같습니다. 그런데 혹시 빨간 얼굴의 남자를 보신 적 없으십니까?"

다양해 씨는 재차 손사래를 치며 침투해 씨의 흔적을 찾고자 했다.

"빨간 얼굴이라면, 백인들이 교주라고 부르는 자군요. 그자가 오고 나서 우리 생활이 더 엉망이 되었습니다."

"무슨 일이 있으셨습니까?"

"백인들은 모두 그자의 말을 듣는 것 같았습니다. 갑자기 들소들을 마구 사냥하더니 그다음엔 우리 부족 사람들에게 자신들이 믿는 신을 믿으라고 강요했습니다. 만일 믿지 않는다면 이 땅을 떠나야 한다면서요."

대평원에 사는 원주민들은 아주 오래전부터 이곳에 살았다. 들소를 사냥해서 고기를 얻거나 가죽으로 옷이나 집을 만들기도 했다. 원주민들은 인간뿐 아니라 다른 동물의 생명도 존중해서 꼭 필요할 때만 들소를 사냥했다. 그러다 들소들이 새로운 풀을 찾아 다른 곳으로 이동하면 원주민들도 따라서 거처를 옮겼다. 그들에게 들소는 생존을 위한 동반자와도 같았다.

하지만 유럽에서 온 백인들은 자신들의 마을을 건설하고 철도를 개발하는 데 방해가 된다고 들소를 사냥했다. 심지어 재미나 원주민들을 내쫓기 위한 수단으로 무자비하게 잡기도 했다.

"그 교주는 어디로 가면 만날 수 있습니까?"

"백인들이 사는 마을에 커다란 교회 건물을 지었다는 이야기를 들었습니다. 아마 거기에 있을 겁니다."

다양해 씨가 아이들을 보며 의미심장한 눈빛을 보냈다. 아이들은 금세라도 떠나갈 듯한 자세를 취했다. 그런데 뒤에서 말 달리는 소리가 들려왔다. 모여 있던 원주민 모두 고개를 돌렸다. 수십 마리의 말 위에 총을 든 백인들이 마을 안으로 들어오고 있었다.

"원주민들은 들어라! 지금 당장 교회로 가 침투교의 신을 뵙도록 하라!"

맨 앞에서 대장처럼 보이는 백인이 원주민들에게 외쳤다. 뒤에 있는 다른 백인들은 협박이라도 하듯 원주민을 향해 총으로 겨눴다. 백인들은 모두 허리춤에 무언가를 장식처럼 달고 있었는데, 자세히 보니 들소 뿔이었다.

"우리에겐 우리의 신이 있다고 하지 않았습니까. 당신들의 신은 건물 안에서만 만날 수 있을지 모르겠지만 우리의 신은 우리의 마음속에 있습니다."

앞으로 나선 족장이 백인들을 올려다보며 한 손으로 자신의 가슴을 툭 쳤다.

"마지막 경고다! 침투교의 신자가 되길 거부한다면, 이 땅에서 떠나야 한다."

"우리는 조상 대대로 이곳에 살아왔습니다. 어디로 떠나라는 것입니까?"

"그건 우리가 상관할 바가 아니지. 만일 내일 또 우리가 왔을 때 교회에 나가지 않고 이곳에 있다면, 강제로 내쫓길 것이다."

대장이 권총을 꺼내 들어 위협했다. 원주민들의 얼굴은 일그러졌지만 아무도 나서는 사람은 없었다.

"치, 치, 침입자들!"

토미가 분을 참지 못하고 한마디 외쳤다.

"누구냐?"

대장이 소리가 나는 방향으로 휙 돌아보았다. 토미가 얼굴을 붉히며 씩씩대고 있었다.

"미개한 부족의 아이면서 용감하구나."

 말 위에서 몸을 기울이며 대장이 비아냥거렸다. 권총을 휙휙 돌리다가 총부리로 토미를 겨누면서 무서운 장난을 쳤다. 그러자 다양해 씨가 토미를 안으며 앞을 막아 주었다.

딸꾹! 딸꾹!

 다양해 씨 뒤에 있던 오데트가 긴장한 탓인지 딸꾹질을 해 댔다. 이번엔 백인 대장의 시선이 오데트를 향했다.

"잠깐! 저기 왜 노예 아이가 있지?

 대장이 오데트를 손가락으로 가리켰다. 다양해 씨가 아차 싶어 황급히 오데트 앞을 가로막았지만 이미 늦어 버렸다. 모든 백인이 오데트를 주목했다. 미국에서는 한때 백인들이 흑인들을 노예로 부린 적이 있었다. 지금 이 시기도 흑인들이 노예에서 해방되지 않았던 때였다. 그러니 백인들 눈에는 오데트가 원주민 마을에 있는 게 이상해 보였다.

"당장 끌어내라!"

 대장의 명령에 뒤에 있던 백인 서너 명이 말에서 내렸다. 백인들이 오데트를 향해 걸어가는데 몇몇 원주민이 앞을 막아서기도 했지만 총을 겨누는 바람에 비켜야만 했다. 다양해 씨도 오데트 앞을 막았지만 백인들이 밀쳐서 벌러덩 쓰러졌다. 오데트는 너무 무서워서 딸꾹질을 멈출 수 없었다.

"안 돼!"

백인들이 오데트를 붙들자 아이들이 소리치며 오데트를 잡아 놓지 않으려 했다. 하지만 어른의 힘을 이길 수 없었다. 오데트는 백인들의 손에 끌려갔다.

"다양해 씨!"

바다가 넘어진 다양해 씨를 보며 외쳤다. 다양해 씨는 외침의 의미를 잘 알았다. 잠시 눈을 지그시 감았다. 지구인에게 변신하는 장면을 들키면 안 되지만 이번엔 어쩔 수 없었다. 곧 일어서서 오데트를 잡아가는 백인들을 향해 걸었다. 그리고 한 손으로 중절모를 잡아 던졌다. 다양해 씨 머리 위에 난 더듬이가 씰룩씰룩 움직였다. 몸은 부풀어 오르고 새파란 털이 곳곳에서 튀어나왔다. 귀 위로는 무시무시한 뿔이 불쑥 솟아났다.

우워워워웡!

오데트를 데려가는 백인들 뒤로 괴상한 소리가 울려 퍼졌다. 뒤를 보니 보통 들소보다 두세 배는 큰 파란 들소가 성

난 얼굴로 달려오고 있었다. 들소가 발을 내디딜 때마다 지진이 난 것처럼 땅이 들썩들썩 흔들렸다. 거대한 짐승의 등장에 말들이 겁에 질려 펄쩍펄쩍 뛰는 통에 말에 탄 백인들은 땅 위로 고꾸라졌다.

"으악! 신, 신이시여!"

백인들은 처음 보는 들소의 맹렬한 기세에 눌려 벌벌 떨더니 오데트도 제자리에 두고 한번 쏘지도 못한 총을 다 내던지고서 도망치기 바빴다.

"으아아아!"

바다, 토미, 로니가 달아나는 백인들 뒤로 고함을 질렀다. 그런 다음 아직 놀란 가슴을 진정시키지 못하고 주저앉아 있는 오데트에게 달려가 꼭 안아 주었다.

"오데트, 괜찮아?"

"딸꾹! 응, 이제 괜찮아."

말과 다르게 오데트의 몸은 파르르 떨리고 있었다. 아이들은 더 세게 부둥켜안았다.

"안 다치셨습니까?"

다시 본래의 모습으로 돌아온 다양해 씨도 오데트를 걱정하며 다가왔다.

그렇게 모두가 오데트를 위로하고 있을 때 사람들 시선이 느껴졌다. 원주민들이 경이롭다는 듯 쳐다보고 있었다. 몇몇은 무릎을 꿇고 있기도 했다.

"파란 소여, 그대가 우리를 구했습니다. 예언은 틀리지 않았군요."

다양해 씨 바로 뒤에 족장이 인자한 미소를 짓고 있었다. 다양해 씨는 방금 전 정신없이 흘러갔던 상황을 되새겨 보았다. 다급해서 머릿속에 떠오르는 동물로 변신했는데, 그게 들소였을 줄은 미처 생각지 못했다. 자신이 직접 예언을 이뤘다는 사실을 깨닫고 피식 웃었다.

"제가 여러분의 구원자는 아닙니다만, 침투교 교주는 반드시 내쫓도록 하겠습니다."

다양해 씨가 나긋하게 말했는데도 원주민 사이에서 와 하고 함성이 터져 나왔다. 그리고 "파란 소! 파란 소!" 하고 다양해 씨의 또 다른 이름을 불러 댔다.

다양해 씨의 보고

종교 다양성과 종교 탄압

안녕하세요, 다양해 씨. 지구에 별종별에는 없는 종교라는 게 있다는 이야기를 들었어요. 대체 종교란 무엇인가요?

안녕하십니까, 위원장님.

지구에서 종교는 절대적인 대상을 믿고, 그 대상의 가르침에 따라 행동하고 궁극적인 진리를 찾거나 삶의 위안을 얻는 것 등을 말합니다. 믿음의 대상은 신뿐 아니라 동물, 자연 등 다양합니다.

지구인의 대부분은 종교를 갖고 있으며, 현재 가장 많이 믿는 종교로 기독교, 이슬람교, 힌두교, 불교 등이 있습니다.

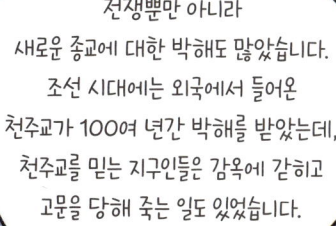

끔찍하군요.
누가 무얼 믿든 개인의 자유일 텐데,
그것 때문에 죽어야 한다니요.
종교 갈등은 왜 생기는 건가요?

다른 종교를 인정하지 않기 때문입니다. 유럽의 백인들이 이주하기 전부터 아메리카 땅에 살던 원주민들에게도 종교가 있었습니다. 하지만 대부분 기독교를 믿는 백인들은 원주민의 종교를 이해하려고도 하지 않았습니다. 원주민의 땅을 차지하는 것도 모자라 기독교로 개종을 강요하기도 했습니다.

원주민들은 종교 의식으로 영혼의 춤이라고 춤을 추며 의식을 치렀는데, 백인들은 영혼의 춤이 악마의 의식이라며 19세기 후반 금지시켰습니다. 그러다 춤을 추는 원주민을 체포하는 과정에서 백인 군대에 원주민 300여 명이 죽임을 당한 일도 있습니다. 이를 '운디드니 학살 사건' 이라고 합니다.

침투교 침투 작전

　마을이 내다보이는 절벽 위에서 다양해 씨, 바다, 토미, 로니가 엎드려 있었다. 그들은 쌍안경을 들고 마을을 염탐했다. 백인들이 사는 마을은 나무로 만든 집이 가지런히 정렬해 있고, 사람들이 활기차게 돌아다니고 있었다. 마을 중앙에는 10층 높이 정도 되어 보이는 거대한 건물이 세워져 있는데, 누가 봐도 침투교의 교회라는 걸 알 수 있게 빨갛게 색칠되어 있었다.

　"오데트 누나가 저 건물을 봤다면, 또 한마디했을 거야."

　로니가 교회를 바라보며 한숨을 푹 쉬었다. 로니 말처럼 오데트는 이 자리에 없었다. 백인들이 오데트를 봤다가 또 곤경에 처할까 봐 원주민 마을에 두고 다른 아이들만 왔던 거였다. 오데트는 함께 가기를 원했지만 바다가 잘 설득한 덕분에 원주민 마을에 남기로 결정했다.

"저길 한번 보시겠습니까?"

다양해 씨가 바다에게 쌍안경을 넘기며 교회 입구를 가리켰다. 입구에는 기다란 총을 든 남자 둘이 지키고 서 있고, 교회를 들어가는 사람들은 입구에서 무언가를 들어 보이고 있었다.

"들소 뿔이에요. 침투교에 들어가려면 들소 뿔을 보여 줘야 하나 봐요."

"그런 것 같습니다. 침투교 신자임을 상징하는 물건 같습니다."

"나쁜 사람들! 가여운 들소들의 뿔을 가지고…."

다양해 씨와 바다의 대화를 듣던 로니가 발끈했다.

"저희에게는 침투해 씨가 떨어뜨린 뿔이 하나 있으니 세 개가 더 필요합니다."

"저 마을에 말 타고 다니는 사람들을 보면 다들 뿔이 있어요. 몰래 빼돌리면 어떨까요?"

"흠, 허리춤에 찬 걸 훔치는 건 쉽지 않습니다."
"며, 명마…."
토미가 옆에 가만히 있던 상자 씨를 가리켰다.

"자, 쌉니다! 싸요! 어디서도 볼 수 없는 명마를 단돈, 아니 들소 뿔 세 개로 구입할 수 있습니다!"
 마을 입구에서 로니가 목청껏 소리치며 사람들을 끌어모았다. 옆에서 바다와 토미도 "명마요! 명마요!" 하면서 지나가는 사람들을 향해 외쳤다. 다양해 씨만 부끄러운 듯 고개를 푹 숙여 손짓만 했다. 다양해 씨와 아이들은 언제 옷을 갈아입었는지 모두 서부극에 나올 법한 카우보이 복장을 하고, 말로 변신한 상자 씨는 고개를 빳빳이 들고 명마다운 위엄을 과시하고 있었다.
 아이들의 호객 행위는 사람들의 관심을 끌기 충분했다. 마을 사람들이 여기저기서 몰려들었다.
"겨우 뿔 세 개라고?"
"어디 병이라도 난 말이냐?"
"그러게. 그러고 보니 보통 말이랑 좀 다르게 생겼는데?"
 사람들이 말을 한번씩 만져 보며 참견했다.

"어허! 의심나면 돌아가 주세요. 믿음이 없는 분께는 팔지 않겠습니다."

로니는 어디서 배웠는지 장사하는 수단이 좋았다. 흥정할 줄 알았다. 로니의 강한 말투에 사람들은 더 관심을 가졌다.

"그럼 내가 살까? 대신 지금은 뿔이 한 개밖에 없으니 나머지는 나중에 주마."

어떤 사람이 나섰다.

"외상은 안 됩니다! 지금 당장 뿔 세 개를 주시는 분께 이 명마를 드리겠습니다."

그때 탁 하고 로니 앞으로 뿔 세 개가 떨어졌다. 한 덩치 큰 남자가 던진 거였다. 그 남자는 온몸에 들소 뿔을 두르고 있었다. 사냥꾼처럼 보였다.

"이 말은 내가 갖고 가마."

"아, 네, 바로 현금, 아니 뿔을 주셨군요. 그럼 명마는 이분께 드리겠습니다."

자랑스레 뿔을 달고 다니는 사냥꾼을 보며 참을 수 없이 화가 났지만 로니는 끝까지 연기를 잘했다.

"고놈 참 잘생겼다!"

사냥꾼이 말의 얼굴을 매만졌다. 상자 씨는 불쾌했지만

주인을 만난 것처럼 히힝거렸다.

"그럼 상자 씨, 고생 좀 해 주십시오."

다양해 씨가 말 귀에다 대고 속삭였다. 사냥꾼은 정말 명마가 맞는지 시험이라도 해 볼 생각인지 바로 말 위로 뛰어올랐다. 명마는 또 히힝거리며 마을 밖으로 달려 나갔다.

바다, 토미, 로니는 각자 땅에 떨어진 들소 뿔을 하나씩 들었다. 그리고 결전의 장소인 빨간 교회를 향해 걸어갔다.

교회 입구에 선 두 총잡이가 총을 가로지르며 다양해 씨와 아이들을 막았다.

"침투!"

다양해 씨와 아이들이 머리 위로 들소 뿔을 들어 올리자 그제야 총잡이들이 총을 치워 주었다.

교회 안은 엄청나게 화려했다. 형형색색의 스테인드글라스가 박힌 유리창은 물론 보석 같은 장식이 곳곳을 꾸미고 있었다. 맨 앞 무대 옆에는 침투해 씨의 모습을 한 석상도 자리를 차지했다. 또 백인들로 북적거렸는데 걸어 다니며 인사를 나누거나 빽빽이 놓인 나무 의자에 앉아 있었다.

"교주님께서 입장하십니다!"

앉아 있던 사람들은 제자리에서 일어서고, 나누던 대화

를 멈췄다. 모두 기대가 가득 담긴 눈빛으로 무대 위를 올려다봤다. 침투해 씨가 무대 뒤쪽에서 걸어 나오고 있었다. 단상에 올라서더니 높이가 마음에 안 드는지 옆에서 시중 드는 사람들에게 무언가를 지시했다. 잠시 후 시중꾼 몇몇이 더 높은 단을 갖고 오자 침투해 씨는 만족한 듯 웃으며 올라섰다. 다양해 씨와 아이들은 들키지 않으려고 사람들 뒤에 숨었다.

"에헴! 여러분, 세상에 신이 여럿 있다는 이야기를 들어 본 적 있는가? 저기 저 평원에 살고 있는 원주민들은 자기들에게도 신이 있다고 하더군. 에헤이! 그게 말이나 되는 소린가? 인간들에게 신은 당연히 하나지. 신의 이름이 무엇인가?"

"침투! 침투!"

침투해 씨의 설교를 듣던 사람들이 들소 뿔을 잡은 채 손을 위로 들었다 내렸다 하며 무섭게 외쳐 댔다.

"그렇다네! 바로 침투신뿐이라네. 바야흐로 침투교가 세계인의 단 하나의 종교가 될 날도 머지않았네. 그러기 위해서라도 우리 땅을 넓혀 나가야 하는데, 원주민들이 방해가 된단 말이지. 저 믿음이 부족한 자들을 가만히 둬서 되겠나? 더 많은 들소를 잡아야 한다네. 들소가 없다면 원주민들도 더 이상 이곳에서 살아갈 수 없을 거라네. 그렇지 않나?"

"침투! 침투!"

사나운 눈빛으로 입에 거품을 물고 외치는 사람들을 보며 로니가 두려움을 느껴 바다의 손을 꽉 잡았다. 토미는 분노에 찬 눈으로 침투해 씨를 똑바로 바라봤다.

"그나저나 원주민을 데리러 간 친구들이 보이지 않는군. 또 설득에 실패한 건가? 대체 왜 믿지를 못하는가? 침투신은 대리인인 나에게 특별한 능력을 주었다네. 바로 무엇으로도 변신할 수 있는 능력을 말이야. 그들이 이런 나를 보면 바로 믿지 않겠나?"

침투해 씨가 제자리에서 한 바퀴 휙 돌더니 여우로 변했다가 또 휙 돌더니 회색곰으로 변해 울부짖었다가 한 번 더 돌고서 흰머리수리로 변해 천장까지 날아올랐다가 내려오며 본래의 모습으로 돌아왔다. 이를 지켜보는 사람들은 이야 하고 감탄하며 존경의 눈빛을 보냈다.

"침투해 씨가 변신 능력으로 사람들을 홀리고 있던 게 분명해요. 우리도 보여 줘야 해요."

바다가 다양해 씨에게 귓속말했다.

"무엇을 보여 준다는 말입…"

"속임수예요!"

다양해 씨의 말이 끝나기도 전에 바다가 모두가 들을 수 있게 소리쳤다. 다양해 씨는 바다의 급작스런 행동에 당황해서 온몸이 굳어 버렸다.

"누군가?"

바다를 향해 모두의 시선이 모였다.

"저, 저 꼬마 녀석이…. 또마타카스?"

바다를 알아본 침투해 씨가 바로 옆에 있는 다양해 씨도 발견하고 붉으락푸르락 얼굴이 달아올랐다.

"저 정도 변신은 우리도 할 수 있어요! 저 교주만 할 수 있는 특별한 능력이 아니에요!"

바다가 사람들에게 설명하고 다양해 씨를 쳐다봤다. 그런데 다양해 씨는 지금 상황이 어떻게 되고 있는 건지 전혀 감을 못 잡고 있는 듯 멍한 얼굴이었다.

"다양해 씨, 변신, 변신!"

바다가 눈을 찡긋하며 다양해 씨에게 사인을 보냈다.

"그, 그렇습니다. 특별한 장치만 있다면 누구나 변신할 수 있습니다. 자 보십시오."

다양해 씨는 정신을 차릴 새도 없이 어떨결에 사람들 앞에서 또 변신했다. 방금 전 침투해 씨처럼 한 바퀴 돌며 여우, 회색곰, 흰머리수리로 변신했다가 돌아왔다. 만약 별종별 미래공존위원회 위원장이 봤다면 기절초풍할 광경이었다.

이를 지켜보던 사람들은 예상 밖의 상황에 놀라움을 감추지 못했다. 침투해 씨와 다양해 씨를 번갈아 보며 의심이 싹트기 시작했다.

"이것 봐요. 저 교주가 여러분을 속이고 있는 거예요! 아무거나 변신할 수 있다면, 교주에게 한번 바위로 변해 보라고 해요! 아마 못할걸요?"

다양해 씨나 침투해 씨가 무생물로는 변신할 수 없다는 걸 아는 바다가 의구심이 드는 사람들의 마음에 더 불을 지피려고 꾀를 냈다. 교회 안 모두의 시선이 침투해 씨를 향했다.

"저, 저, 저 녀석이…. 에헴, 저런 꼬마의 말에 현혹될 필요 없다네! 당연히 바위로도 변할 수 있지. 하지만 침투신께서 주신 능력을 그리 함부로 써서야 될 일인가!"

침투해 씨가 사람들을 설득시키려 했지만 불신의 눈초리만 늘어나는 듯했다.

"그, 그래. 저들은 악마다! 침투교를 무너뜨리려는 악마! 만약 침투교가 무너지면 이 땅은 원주민들의 것이 되고 말

거라네."

"무슨 소리예요! 여긴 원래 원주민들이 살던 곳이에요!"

바다의 말이 사람들을 자극했다. 침투해 씨를 의심하던 눈빛이 돌변했다. 다시 침투교에 대한 믿음이 가득한 사람으로 돌아가는 듯했다. 모두가 다양해 씨와 아이들을 불쾌하게 쳐다봤다.

"악마다! 악마야! 원주민 편에 선 악마들이다!"

사람들이 눈에 불을 켜며 덤벼들 기세였다.

"피하셔야 합니다!"

위험을 느낀 다양해 씨가 아이들을 보호하며 탈출하려고 했다. 그때였다.

드드드드드드드~

 땅이 울리며 의자가 들썩들썩 움직이더니 건물 벽도 서서히 흔들렸다. 진동은 점점 거세지고 무언가가 다가오는 소리도 커져 갔다. 바로 옆으로 탱크라도 지나가는 듯했다.
 "모두 도망쳐!"
 입구에서 보초를 서던 총잡이가 안으로 들어오면서 사람들에게 소리쳤다. 사람들은 우왕좌왕 교회 밖으로 빠져나가기 시작했다. 다양해 씨와 아이들도 사람들 틈에 끼어 밖으로 나갔다.
 "으악! 살려 줘!"
 눈앞에서 사냥꾼이 상자 씨를 탄 채로 휑 하고 지나갔다. 얼굴이 눈물, 콧물로 범벅이었다. 교회를 나온 사람들도 저마다 비명을 지르며 반대편으로 달아났다. 다양해 씨는 거리로 나가서 무슨 상황인지 살폈다. 마을 밖 평원에서 수백 마리의 들소 떼가 몰려오고 있었다.
 "이랴! 이랴! 끼야호!"
 들소 떼 앞에서 익숙한 목소리가 들렸다. 오데트가 한 들소 위에 타서는 다른 들소들을 이끌고 있었다. 어느새 오데트는 원주민 옷으로 갈아입고 머리에는 깃털 장식까지 하고 있었다.

"오데트!"

바다가 오데트를 불렀다.

"언니! 원주민들이랑 도와주러 왔어!"

오데트의 말을 듣고 뒤쪽을 보니 족장과 다른 원주민들이 말을 타고 들소를 몰고 있었다.

"킥킥! 너무 재밌어!"

오데트가 다양해 씨 앞에 멈춰서 내리고는 흥분을 가라앉히지 못했다. 오데트를 내려 준 들소는 다시 무리에 합류해서 백인들 뒤를 쫓았다.

들소 떼가 마을을 몇 바퀴 돌면서 백인들을 몰아냈다. 백인들은 말을 타거나 뛰어서 마을 밖으로 줄행랑쳤다. 그런데도 들소 떼는 아직 할 일이 남았는지 마을 안쪽 새빨간 교회로 향했다.

쿵! 쿵! 쿵! 쿵!

한 마리, 두 마리, 세 마리, 수많은 들소가 교회를 떠받치고 있는 기둥을 한 번씩 부딪쳤다. 기둥에 부딪친 들소가 뒤로 빠지면 다음 차례인 들소가 또 들이박았다. 마치 지금까

지 쌓인 화를 폭발시키는 듯했다. 아이들은 들소가 혹시라도 다칠까 봐 걱정이 되었지만 차마 말릴 수는 없었다. 한바탕 교회에 분풀이를 한 뒤에 들소 떼는 다시 평원을 향해 움직였다.

건물 벽이 아래부터 금이 가다가 조금씩 흔들리더니 한쪽으로 기울어지기 시작했다. 곧 무너질 거라는 걸 짐작할 수 있었다. 다양해 씨와 아이들은 재빨리 마을에서 멀어졌다. 점점 더 기울던 교회는 끝내 무너져 내렸다. 평원으로 돌아가는 들소 떼 뒤로 흙먼지가 가득 솟아올랐다.

"으악! 또마타카스~!"

먼지구름 사이로 비행선 하나가 쌩하고 날아갔다. 그 안에서 외치는 침투해 씨의 목소리가 아이들이 있는 곳까지 닿는 듯했다.

"이제 원주민들도 들소들도 당분간 괴롭힘 당하지 않을 거예요."

바다가 침투해 씨를 내쫓은 걸 뿌듯해했다. 오데트는 통쾌하다며 킥킥거렸다. 그러다 아이들은 금세 시무룩한 표정을 지었다.

"이젠 어디로 가죠?"

"시간 여행도 두 번밖에 기회가 없어."

오데트가 시간 구슬을 꺼내 보였다. 지금껏 시간 구슬을 세 번 사용했기 때문에 남은 기회가 얼마 없었다.

"시간 여행은 이제 마지막입니다. 마지막 한 번은 우리가 본래의 시간으로 돌아가는 데 써야 합니다. 신중히 선택해야 합니다."

다양해 씨의 얼굴에도 그늘이 졌다. 마지막이라는 말에 아이들은 더 침울해졌다. 모두 골똘히 생각에 잠겼다. 언제 한바탕 소란이 있었냐는 듯 주변이 고요했다.

"아!"

침묵을 깬 건 토미였다.

"호, 혹시, 오, 오데트가, 처, 처음, 구, 슬, 을, 찾았던, 수, 순간으로, 가면, 어떨까요?"

토미의 말에 다들 눈빛이 번뜩였다.

"토미는 정말 천재야! 우리가 왜 그 생각을 못했지?"

바다가 토미를 추켜세웠다. 모두의 표정이 다시 환하게 밝아질 때 아직 명마로 남아 있던 상자 씨가 히힝거리며 뒤에서 나타났다. 말 위에 있는 사냥꾼은 입에 거품을 물고 기절해 있었다.

다양해 씨와 아이들은 원주민들과 인사를 나누며 고마움을 표현했다. 토미는 저도 모르게 눈시울이 뜨거워졌다. 원주민과 헤어지고 다시 평원으로 돌아간 들소 무리도 찾아갔다. 백인들을 몰아내며 다친 들소를 찾아 일일이 치료해 주었다. 들소도 고마운지 우웡 하고 울었다.
　이제 아이들은 오늘의 긴 여정이 끝나기를 바라며 시간의 문을 통과했다. 그리고 본래의 시간으로부터 1년 전, 아이들이 침투해 씨를 처음 만났던 인도네시아 바닷가로 발길을 옮겼다.

또다시 바다를 구해라!

"저 바다를 보십시오!"

다양해 씨가 바다를 가리키며 침투해 씨의 시선을 돌렸다. 그 뒤로는 아이들이 바위 뒤에서 상황을 지켜보다 조금씩 옆으로 이동하고 있었다. 이 모든 과정을 지켜보는 이들이 있었는데, 또 다른 다양해 씨와 아이들이었다.

"맞아, 저렇게 몰래 움직였지? 킥킥!"

오데트가 자신의 뒷모습을 보며 깔깔댔다. 1년 전 인도네시아 바닷가로 온 다양해 씨와 아이들은 게 로봇으로 변한 상자 씨 안에서 과거를 마주하고 있었다. 과거의 아이들을

따라가다 페트 씨 안으로 숨어들 계획이었다. 물품 보관실에 있는 시간 구슬을 모두 망가뜨린다면 작전 성공이다.

"우리를 쫓아가야 해!"

바위와 함께 움직이는 아이들의 속도에 맞춰게 로봇도 옆으로 옆으로 자리를 옮겼다. 모래 언덕을 지나 아이들이 다른 바닷가로 달렸다. 그러다 파도 앞에서 멈춰 서고 조금 뒤에 바다가 바닷물 속으로 풍덩 뛰어들었다.

"지금은 아냐. 이따 나랑 바다 누나랑 같이 들어갈 때 따라가야 해."

로니가 처음 물속에서 눈 떴을 때를 기억했다. 얼마 있다가 바다가 물속에서 나오고 다른 아이들과 이야기를 나누는 게 보였다. 드디어 바다와 로니가 함께 물속으로 뛰어들

었다.

 게 로봇은 토미와 오데트를 지나치며 물속으로 따라 들어갔다. 그리고 동시에 물고기 모양의 잠수함으로 변신했다.

 "바다 누나를 쫓아가. 금방 페트 씨 몸속으로 빨려 들어갈 거야."

 잠수함은 눈을 감고 있는 로니를 지나쳐 바다를 쫓았다. 물속엔 모든 생물을 빨아들이는 듯 소용돌이가 치고 있었다. 바다는 소용돌이에 휩쓸리지 않으려고 애를 썼다. 반대 방향으로 헤엄치려고 팔을 휘저었지만 잡아당기는 힘을 이길 수가 없었다. 결국 소용돌이의 흐름에 따라 빙빙 돌더니 빨아들이는 페트 씨 속으로 쏙 들어가 버렸다.

 잠수함 안에서 아이들은 안타까운 마음으로 바다를 바라봤다. 로니는 전에도 본 광경이었지만 힘들어하는 바다를 보며 눈물을 흘렸다. 잠수함도 소용돌이 흐름에 따라 페트 씨 안으로 들어갔다.

 "침투해 씨가 엄청난 일을 저질렀습니다. 그걸 막은 여러분이 참 대견합니다."

 바깥 풍경을 보며 다양해 씨가 말했다. 잠수함이 들어선 곳은 거대한 수족관이었다. 페트 씨가 다 삼켜 버렸기 때문에 온갖 바다 생물이 갇혀 있었다. 아이들은 이미 본 적이 있지만 다양해 씨는 처음 보는 장면이었다. 과거 아이들은 재치를 발휘해 수족관에 있던 생물을 모두 바다로 돌려줬다. 생각할수록 아이들 활약이 놀라웠다.

"이제 바다 언니가 혼자 헤엄쳐서 물 위로 올라갈 거야."

"맞아, 어떻게 갔는지 너무 궁금해. 우린 못 봤잖아."

오데트와 로니가 잔뜩 기대하는 표정으로 물속의 바다를 지켜봤다.

"흠, 근데 난 전혀 기억이 안 나. 기절해 있던 거 같은데…."

바다가 오데트와 로니의 말에 호응하고 싶었지만 저 당시 상황이 떠오르지 않았다.

"자, 잠깐. 바, 바, 바다가…."

아이들 기대와 달리 과거의 바다가 움직이지 않자 토미가 당황하며 손가락질했다. 자세히 보니 과거의 바다는 눈을 감은 채 조금도 움직이지 않았다. 정말 기절한 듯했다.

"상자 씨, 바다 씨를 구해 주십시오!"

상황이 잘못 돌아가고 있음을 깨달은 다양해 씨가 다급하게 외쳤다. 잠수함은 빠르게 바다 곁으로 다가들었다. 왼쪽, 오른쪽 몸통에서는 어느새 기다란 팔이 튀어나와 바다

를 붙들고 위로 이동했다. 재빨리 움직이다 보니 물고기에 부딪치기도 했지만 금세 정상에 다다랐다. 수족관 위 바닥으로 바다를 밀어 올리자마자 잠수함 안에서는 다양해 씨와 아이들이 튀어나와 바다를 끌어당겨 좀 더 안전한 곳으로 옮겼다.

"상자 씨, 인공호흡!"

오데트가 상자 씨를 다그쳤다. 상자 씨는 익숙한 듯 인공호흡 장치를 몸속에서 끄집어냈다. 공기 주입기로 바다에게 숨을 불어넣었다. 심폐 소생술 과정을 또 한 번 진행했다가 세 번째 시도를 할 때였다. 상자 씨가 뜸을 들였다.

"왜 그래? 어서 해!"

"밑에서 또 다른 잠수함이 올라오고 있습니다. 과거의 여러분이 올라오는 것 같습니다."

"아!"

토미, 오데트, 로니가 똑같이 깨달음을 얻은 것 같았다. 바다 살리는 것을 멈추고 주변을 두리번거리며 큰 기둥 뒤로 가 숨었다.

곧 과거의 잠수함이 모습을 드러내고, 아이들이 뛰쳐나왔다. 로니의 울음소리가 들리고 토미가 바다의 상태를 파악하는 게 보였다. 그다음에는 상자 씨가 바다에게 인공호흡 하는 장면이 이어졌다. 상자 씨는 과거의 자신을 보며 머쓱해했다. 바다가 깨어나고 아이들이 부둥켜안았다가 일어서서 수족관 문 밖으로 나갔다. 이때까지 모든 과정을 기둥 뒤 아이들은 가만히 지켜보기만 했다.

"우아! 미래의 우리가 바다 언니를 구했던 거였어!"

"대단해! 과거에도 미래에도 바다 누나를 구했다!"

오데트와 로니가 서로를 바라보며 손뼉을 마주쳤다.

"와! 정말 고마워! 너희들이 계속 나를 구했어."

"아냐, 우리 모두가 한 거야! 킥킥."

바다가 오데트와 로니의 머리를 쓰다듬으며 고마움을 표시하자 오데트가 으쓱하며 말했다. 바다와 토미도 서로를 보며 피식 웃고, 다양해 씨는 아이들의 활약에 감탄하며 눈만 빙그르르 돌렸다.

"그럼 또 우리를 따라가 볼까? 가다 보면 물품 보관실이 나올 거야."

아이들은 여전히 흥분된 마음을 간직한 채 수족관 방을 나섰다.

다양해 씨와 아이들은 행여라도 무슨 소리가 날까 살금살금 걸었다. 앞서 가는 아이들이 속도를 올리면 까치발을 하고, 뛰다가 멈춰 서면 그대로 동작을 그쳤다. 유전자 보관실에서 나온 아이들이 또다시 계단을 밟을 때 갑자기 과거의 오데트가 우뚝 섰다. 그리고 뒤를 돌아보려 했다.

"숨어!"

다양해 씨와 아이들이 뿔뿔히 흩어지며 어두운 공간을 찾아 몸을 감췄다. 뒤돌아보던 오데트가 다시 아이들 틈으로 들어가고 나서야 어둠 속에서 밖으로 나왔다.

"오데트는 정말 귀가 밝아. 조심해야 해."

바다가 바로 옆의 오데트를 보며 속삭이자 오데트는 웃음을 참으려고 두 손으로 입을 꼭 막았다.

마침내 물품 보관실 앞에 도착했다. 아이들이 보관실 안을 둘러보는데 오데트만 시간 구슬에 홀린 듯 관심을 갖는 게 보였다. 과거의 오데트가 황금빛 시간 구슬을 집어 들 때 미래의 오데트도 주머니에서 시간 구슬을 꺼냈다. 물품 보관실에서 보이는 빛나는 구슬과 지금 들고 있는 구슬이 원래는 하나였다는 게 너무 신기했다. 오데트는 씩 웃으며 주머니 속에 구슬을 넣으려 했다.

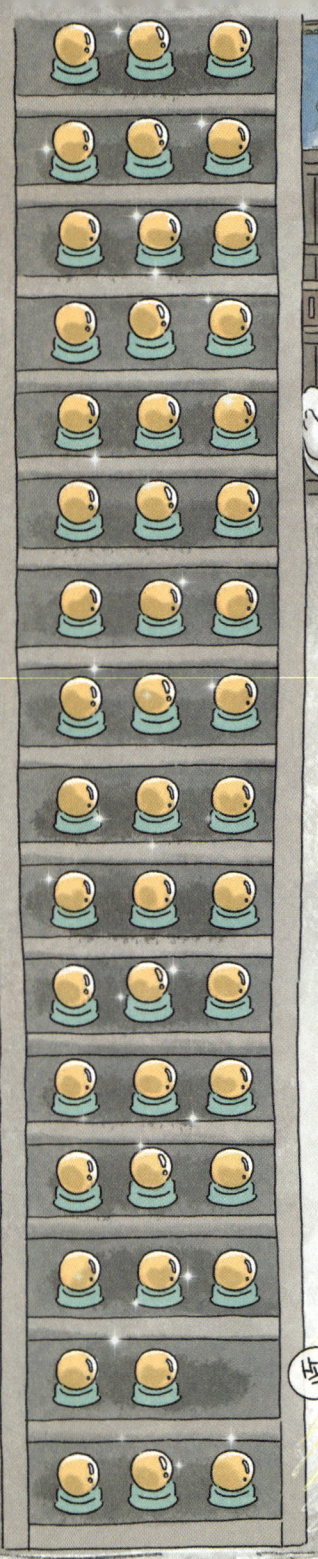

땡그랑!

오데트가 그만 구슬을 놓쳐 버려 바닥에서 소리가 울렸다. 깜짝 놀란 다양해 씨와 아이들 모두 떨어진 구슬을 보며 식은땀을 흘렸다. 그리고 다시 물품 보관실을 쳐다보며 혹시라도 들킨 건 아닌지 눈치를 살폈다. 다행히 오데트 말고 다른 아이들은 아무 소리도 못 들은 것 같았다. 조금 있다가 보관실을 나온 아이들이 조종실을 찾아 떠났다. 그제야 숨도 못 쉬던

 다양해 씨와 아이들이 휴 하고 안도의 한숨을 쉬었다.
 "킥킥킥! 로니, 내가 저 때 유령 소리에 놀라서 구슬 가져온 거라고 했지? 내 말이 맞잖아. 우리가 유령이었어. 킥킥!"
 "와, 정말 다른 사람이 있었네? 그게 우리라니…."
 로니는 턱이 빠질 듯 입을 벌리며 놀란 마음을 표현하고, 오데트는 배를 움켜잡고 깔깔거렸다.
 "자, 들어가 봐야겠습니다."
 다양해 씨가 오데트와 로니의 등을 두드리며 진정시켰다. 너무 재밌어서 눈물까지 난 오데트는 소매로 눈가를 닦으며 마음을 가다듬었다.
 보관실 한쪽에는 넓은 진열대가 있는데, 그 위로 시간 구슬이 하나하나 소중하게 놓여 있었다.

"침투해 씨가 정말 많이 갖고 있었습니다. 이 정도라면 과거를 자기 맘대로 바꾸는 것도 충분해 보입니다. 더 이상 쓸 수 없도록 만들어야 합니다."

다양해 씨가 구슬 하나를 잡고서 나머지 구슬을 죽 훑어보았다. 그리고 상자 씨를 보며 고개를 끄덕였다. 다양해 씨의 의도를 알아챈 상자 씨는 커다란 믹서 모양의 기계로 변신했다. 믹서는 무엇이든 담아 보라는 듯 뚜껑을 활짝 열어젖혔다.

"구슬을 모두 상자 씨 안으로 넣으면 좋겠습니다."

다양해 씨의 말에 따라 아이들이 행동했다. 진열대에 놓인 구슬을 하나씩 들고 와서는 믹서 안으로 넣었다. 혹시라도 빠진 것이 없는지 꼼꼼히 살폈다.

위이이이이이잉~

믹서가 작동했다. 터드렁터드렁 쇠와 쇠가 부딪치는 소리가 났다. 구슬은 믹서 안에서 갈려 나가기 시작했다. 눈 깜짝할 사이에 구슬은 가루가 되어 갔다. 믹서 몸통 아래쪽에는 분출구가 있었는데, 그 구멍을 통해 가루가 쏟아져 나왔다. 보관실 바닥이 온통 금빛 가루로 뒤덮였다.

"예쁘다!"

금빛 가루를 바라보며 아이들은 뿌듯한 미소를 지었다.

"아! 얼마 안 있어 페트 씨 안으로 쓰레기가 한꺼번에 들이닥칠 거예요. 그전에 돌아가야 해요."

1년 전 조종실을 찾았던 아이들의 재밌는 작전 덕분에 페트 씨는 쓰레기로 가득 차 고장이 났고 한동안 움직일 수 없었다.

"그럼 돌아갈 시간이 된 것 같습니다. 시간 구슬이 다 사라졌으니 침투해 씨는 과거로 가서 다양성을 파괴하지 못할 것입니다."

　다양해 씨가 마지막으로 오데트에게 손을 내밀었다. 오데트가 시간 구슬을 건네자 바로 작동시켜서 바닥으로 던졌다. 구슬 앞으로 둥그런 시간의 문이 생겼다. 다양해 씨가 먼저 들어서고 상자 씨, 오데트, 로니, 토미가 차례로 뒤따랐다. 마지막으로 바다가 문 앞에서 잠시 머뭇거렸다. 처음 시간의 문을 통과할 때는 겁이 났지만 지금은 아무렇지도 않았다. 다만 문 안쪽의 우주 공간에서 시간의 흐름이 보였다. 과거로 여행을 하며 만났던 사람들, 그때 벌어졌던 일들이 쓱 하고 지나갔다. 바다는 환한 얼굴로 뒤를 돌아보며 문 안으로 한 걸음을 내딛었다. 저 멀리 어디선가 침투해 씨가 고래고래 비명을 터뜨리는 듯했다.

　본래의 시간으로 돌아온 다양해 씨와 아이들은 곧장 옥수수 집으로 날아갔다. 별똥리에 도착하기 전 하늘에서 아이들은 심장이 콩닥거리는 걸 느꼈다. 혹시라도 원래의 세상으로 돌아오지 않았을까 봐 걱정이 됐다. 하지만 시간 여행을 떠나기 전 사라졌던 옥수수 집이 멀쩡한 걸 본 순간 긴장했던 마음이 사르르 녹아내렸다.

비행선은 옥수수 집 비밀 연구소 안으로 들어가 내리더니 상자로 변했다. 상자 씨 밖으로 나온 아이들은 모두 지쳐 보였다. 별똥리의 시간은 그대로지만 아이들은 몇 년, 몇십 년을 활동한 기분이 들었다.

"바다 씨, 토미 씨, 오데트 씨, 로니 씨, 고생하셨습니다."

다양해 씨가 한 명, 한 명과 눈을 마주치며 이름을 불렀다. 아이들은 미소로 화답했다.

"여러분이 또 지구를 구했습니다."

"아니에요. 우리 모두가 구한 거예요!"

바다가 가볍게 고개를 가로저었다.

"어서 집으로 돌아가십시오. 여러분 가족이 기다리고 있을 겁니다."

아이들이 서재를 지나 집 밖으로 나왔다. 다양해 씨는 집 앞까지 나와 배웅했다. 토미, 오데트, 로니가 손을 흔들며 인사하는데 바다는 가만히 다양해 씨만 쳐다봤다. 그러다 다양해 씨에게 달려가 꼭 안았다.

"다양해 씨, 고마워요. 우리 마을로 와 줘서."

다양해 씨의 파란 얼굴이 별안간 벌겋게 달아올랐다. 그 모습에 오데트와 로니는 깔깔 웃으며 놀려 댔다.

다양해 씨와 헤어지고 아이들은 마을 회관으로 달렸다. 시간 여행을 떠나기 전 옥수수 집이 사라졌던 것처럼 아이들 집에는 부모가 없었다. 하지만 지금은 모든 게 제자리로 돌아왔을 게 분명했다. 어서 가서 돌아온 모두를 보고 싶었다.

마을 회관 앞이 사람들로 북적였다. 마을 어른들이 느티나무 아래 평상에 앉아 수다를 떨고 있었다. 거기엔 아이들 부모도 함께였다.

"엄마!"

"아빠!"

아이들은 각자의 부모를 찾아 달려들어 안겼다. 오랫동안 헤어졌다 만난 것처럼 펑펑 울었다.

"얘들이 다 왜 이러지? 무슨 일 있었어?"

어른들은 이해할 수 없는 아이들의 행동에 의아하다는 반응을 보였다.

딱 딱 딱!

마을 회관 앞을 서성이던 이장 할아버지가 괴이한 광경에 힘을 줘서 지팡이로 바닥을 세 번 쳤다.

"아니 이 녀석들이 정신 사납게 왜 여기서 울고 있어! 집에나 들어갈 것이지."

이장 할아버지가 불평을 터뜨렸다. 그 모습을 보자 오데트는 눈물이 쏙 들어갔다. 갑자기 의미심장한 미소를 띠며 천천히 다가갔다. 그리고 바로 옆에서 팔을 번쩍 들었다. 이장 할아버지는 움찔 뒤로 물러섰다. 그러나 오데트는 이장 할아버지를 위로하듯 어깨를 툭툭 두드렸다.

"할아버지, 할아버지도 고생이 참 많네요."

오데트는 과거에 만난 젊은 이장과 이장의 조상을 떠올렸다. 어쩐지 이장 할아버지의 삶도 순조롭지 않았을 거란 생각이 들었다. 지금껏 이장 할아버지와는 앙숙이었지만 오늘만 봐주기로 했다. 예상치 못한 오데트의 태도에 이장 할아버지는 어리둥절했다.

다양해 씨에게는 아직 할 일이 남아 있었다. 연구소에 남아 있었던 자신의 시간 구슬을 처리하는 일이었다. 연구소 한편에 자그마한 금고가 있었다. 다양해 씨는 비밀번호를 눌러 금고 문을 열었다. 안에는 시간 구슬 대여섯 개가 황금색 빛을 내고 있었다. 잠시 구슬을 말없이 쳐다보다가 마음을 굳혔다.

"시간 여행은 위험합니다. 상자 씨, 부탁합니다."

다양해 씨는 상자 씨에게 시간 구슬 처리를 맡겼다. 상자 씨는 금고 안에서 시간 구슬을 하나하나 꺼냈다. 다양해 씨는 시간 구슬이 사라지는 모습을 보고 싶지 않은지 고개를 돌려 버렸다. 구슬이 갈리는 소리가 연구소 안에서 울려 퍼졌다.

다양해 씨의 보고
다양성이 함께하는 다문화 사회

안녕하세요, 다양해 씨. 이제 지구는 다문화 사회라는 말을 들었어요. 무슨 말인가요?

안녕하십니까, 위원장님.

다문화 사회는 한 나라나 사회 안에 다양한 국적, 민족의 지구인들이 살아가면서 다양한 문화가 섞여 있는 것을 말합니다. 지구인들은 여러 이유로 태어난 곳을 떠나 다른 지역으로 이주해 사는 경우가 많습니다. 전 세계에 이주민은 3억 명 정도, 제가 사는 한국에도 250만 명이나 됩니다.

다양해 씨가 사는 별똥리도 다문화 사회라고 할 수 있겠군요. 다양한 민족의 지구인도 살지만 외계인도 함께 있으니까요. 그런데 그 많은 지구인이 고향을 떠나 이주하는 이유는 무엇인가요?

전쟁이나 자연재해 등으로 살던 곳에서 쫓겨나듯 나오기도 하고, 다른 나라에서 일자리를 찾거나, 언어나 문화를 배우기 위해 정착하는 등 여러 이유가 있습니다.

이주민들은 낯선 환경에도 적응해야 했지만 그보다 그들을 더 힘들게 했던 건 이주민 차별입니다.

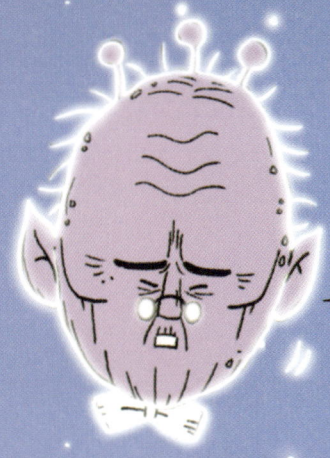

이주해 온 어른들도 차별받는데, 아이들은 어떨지 참으로 걱정되는군요.

이주 아동들도 차별에서 자유롭지 않습니다만, 특히 미등록 이주 아동 문제가 최근 관심을 받고 있습니다. 부모를 따라 한국에 왔다가 사정이 있어 고향으로 돌아가지 못했거나 부모가 미등록이라 한국에서 태어나도 출생 신고를 할 수 없는 등의 이유로 미등록 이주 아동이 생깁니다.

미등록 이주 아동은 예방 접종도 못 받는 등 기본적인 권리도 얻지 못할뿐더러 성인이 되어서는 추방되는 상황에 놓이기도 합니다. 국가는 다문화 사회라면서도 이주민과 원주민을 분리해서 정책을 만들기에 벌어지는 일입니다.

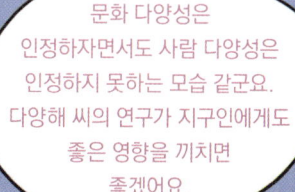

문화 다양성은 인정하자면서도 사람 다양성은 인정하지 못하는 모습 같군요. 다양해 씨의 연구가 지구인에게도 좋은 영향을 끼치면 좋겠어요.

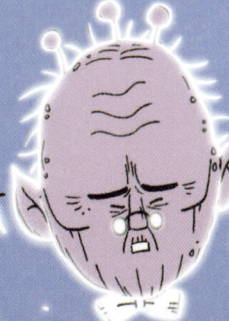

명심하겠습니다. 위원장님.